PIÙ LAVORO MENO STRESS

IL BENESSERE ORGANIZZATIVO CHE FA BENE ALL'IMPRESA

Giulio M. Spreti

**SWANN
EDIZIONI**

Con il Patrocinio di:

Network delle Università Italiane

PIÙ LAVORO MENO STRESS

Associazione Culturale Swann Edizioni

Copyright © 2023

Proprietà letteraria riservata

Codice ISBN: 9798865339939

Prima edizione ottobre 2023

www.swann-associazioneculturale.it

Secondo una ricerca del Politecnico di Milano appena il sette per cento dei lavoratori si dichiara felice.

E come afferma il report di Gallup, società americana di analisi sullo stato globale del mondo del lavoro, gli italiani sono sottopagati e mobbizzati (e, appunto i più infelici in Europa). Quasi 30 su 100 provano un'intensa sofferenza, ma sono scettici sulla possibilità di cambiare.

(La Repubblica, 20.09.23)

Per benessere organizzativo si intende la capacità di un'organizzazione di promuovere e mantenere il benessere fisico, psicologico e sociale di tutte le lavoratrici e di tutti i lavoratori che operano al suo interno. Studi e ricerche sulle organizzazioni hanno dimostrato che le strutture più efficienti sono quelle con dipendenti soddisfatti e un "clima interno" sereno e partecipativo. La motivazione, la collaborazione, il coinvolgimento, la corretta circolazione delle informazioni, la flessibilità e la fiducia delle persone sono tutti elementi che portano a migliorare la salute mentale e fisica dei lavoratori, la soddisfazione degli utenti e, in via finale, ad aumentare la produttività.

(MIUR, Ministero dell'Istruzione e del Merito, 2023)

Indice

Premessa

Ernesto Calindri seduto placidamente a un tavolino con le auto che gli sfrecciano accanto strombazzanti e il *claim* della famosa campagna pubblicitaria: *Cynar, l'aperitivo a base di carciofo contro il logorio della vita moderna.*

Quando sento parlare di stress immediatamente mi viene alla mente questo spot del 1966, anno in cui Calindri, apprezzato attore di teatro, diviene testimonial del liquore prodotto dalla Peziol; già allora, oltre cinquant'anni fa, viene sottolineato come la 'vita moderna' logora e questo ci dice come lo stress fosse un tema tanto popolare da divenire argomento di un Carosello[1].

Cinquant'anni nella storia dell'uomo sono poco meno di un battito di ciglia ma, dal dopoguerra ad oggi, cinquant'anni in termini di evoluzione sociale, nel nostro Paese, valgono assai più dei precedenti cinquecento.

Scagli la prima pietra chi non ha mai pronunciato la fatidica frase: *"Sono stressato"*! Nel saggio che segue non prenderemo in considerazione i nostri compaesani stressati dal mancato like sul post di Instagram, quelli regolarmente in ritardo agli appuntamenti, quelli che si sono scordati il regalo per la cena di…, quelli che non hanno il capo firmato o quelli a cui la lavatrice l'ha macchiato…: sono stressato è diventato un modo di dire che trae in inganno, omologa e fa apparire banale una patologia che colpisce in realtà, dolorosamente, oltre

---

[1] Carosello fu un programma televisivo pubblicitario italiano andato in onda sul Programma Nazionale (poi Rete 1) della Rai dal 3 febbraio 1957 al 1° gennaio 1977. Veniva trasmesso tutti i giorni, tranne il venerdì santo e il 2 novembre, originariamente dalle 20:50 alle 21:00. In totale andarono in onda 7.261 episodi. (Wikipedia)

diciassette milioni di italiani che per questo arrivano a fare un uso costante di antidepressivi, antipsicotici, benzodiazepine[2].

L'argomento del libro verte, invece, sul tema dello stress correlato al lavoro e prende in considerazione le persone impegnate nella quotidiana attività lavorativa anche se lo stress maggiore è, purtroppo, quello di chi un lavoro non ce l'ha e lo cerca spasmodicamente per poter garantire a se stesso e alla propria famiglia il necessario per vivere serenamente.

L'informatica, l'intelligenza artificiale, che nascono per velocizzare il lavoro, per sgravarci da compiti poco creativi e ripetitivi hanno, paradossalmente, complicato la nostra percezione della rapidità: (ricordo una notte intera passata con il mio Commodore 64[3] a mettere in fila nomi e numeri di telefono per creare una 'rubrica elettronica'. Se l'avessi fatta a mano ci avrei messo tra i cinque e i sei minuti!). Quando ricevetti in ufficio l'accesso al primo Mac[4] con disco fisso da 512 kb ricordo che pensai: *"Pazzesco, ci vogliono le cinture di sicurezza con questa velocità! Dove andremo a finire?"*. Ero abituato al primo Mac da 128kb che ci metteva un quarto d'ora solo per caricare il sistema operativo. Oggi con il PC che utilizzo per scrivere queste righe ho sotto le dita una potenza e una velocità di calcolo pari a quella della sala macchine di Huston quando nel 1969 mandarono tre uomini sulla luna! Eppure quando la mattina lo accendo 'friggo' perché ci mette ben 12 secondi per essere operativo.

Che stress!

---

[2] Fonte: AIFA (Agenzia Italiana del Farmaco)
[3] Il Commodore 64 è un home computer della Commodore Business Machines Inc. commercializzato dal 1982 al 1994.
[4] Apple Macintosh (abbreviato come Mac) è una famiglia di computer prodotti dalla Apple Inc. commercializzati a partire dal 1984 e facenti uso del sistema operativo MacOs.

Un tema a parte riguarda l'Intelligenza Artificiale che è 'esplosa' con l'uso di Chat Gpt[5], nuovo programma di intelligenza generativa. La tecnologia che oggi chiamiamo AI (acronimo per Intelligenza Artificiale) da diversi anni, silente, ci assiste nel fotoritocco, nella creazione di siti web, nella programmazione e nella creazione di algoritmi che regolano addirittura i nostri scambi sociali (vedi Facebook, Instagram e i vari social media che ci propongono contenuti non come vengono pubblicati ma a seconda delle nostre preferenze dedotte da un algoritmo che ci 'spia' nella nostra giornaliera attività on line).

Intere categorie di lavoratori vivono l'AI come una seria minaccia al proprio lavoro.

Non è questa la sede opportuna per un discorso approfondito sulla tecnologia e, in particolare sulla potenziale minaccia dell'AI, certo è che tutti coloro, e sono tanti, si sentono 'minacciati' da Chat Gpt sono preoccupati e stressati. Esattamente come lo sono stati gli operatori di Linotype[6] quando i primi PC dotati di 'banali' programmi di scrittura hanno reso inutile e superato il loro lavoro (quello che oggi è possibile fare con Word, programma della suite Office di Microsoft, era assolutamente impensabile negli anni ottanta del secolo scorso; quarant'anni fa, non tre secoli!). Oppure gli addetti ai laboratori di sviluppo e stampa delle foto nel momento in cui è divenuta 'di massa' la tecnologia della foto digitale. Oggi è raro vedere qualcuno imbracciare una ingombrante e costosa macchina fotografica quando lo stesso lavoro è possibile farlo con un cellulare che, oltretutto, permette perfino di telefonare…

---

[5] ChatGPT è uno *chatbot* (software che simula ed elabora le conversazioni umane) basato su intelligenza artificiale e apprendimento automatico sviluppato da OpenAI specializzato nella conversazione con un utente umano.
[6] La linotype è una macchina tipografica che compone e giustifica automaticamente ciascuna linea di caratteri del testo. Inventata nel 1881, fu la prima macchina per la composizione tipografica automatica e consentì notevoli aumenti di produttività.

Le occasioni di stress dovuto al cambiamento tecnologico, al timore di non essere adeguati, alle modificazioni di ogni genere nell'organizzazione del lavoro sono una minaccia oltre che per il benessere psico fisico degli individui anche per il 'benessere' dell'azienda.

Il saggio che segue non si limiterà a rilevare le occasioni di stress sul posto di lavoro ma si prefigge di fornire dei suggerimenti utili per i dipendenti e per le imprese che vogliono cogliere, scientificamente[7], i segnali di stress e limitare i possibili danni al benessere dei dipendenti e a quello dell'azienda.

---

[7] Utilizzando test e sistemi di rilevazione messi a punto da istituti come Teseo, studio di psicologia sociale e clinica, impegnato a fornire risposte a supporto della Direzione Risorse Umane e per le Società di selezione del personale.

Introduzione

Il mondo del lavoro è un terreno fertile per una vasta gamma di emozioni e sfide, alcune delle quali possono influenzare profondamente la vita di chi lavora. Tra tutte queste sfide, una delle più diffuse e insidiose è lo stress lavoro-correlato.

Lo stress lavoro-correlato è un fenomeno che si manifesta quando le richieste dell'ambiente di lavoro superano la capacità del lavoratore di affrontarle o controllarle. Non è semplicemente una sensazione di disagio occasionale o di pressione legata al lavoro, ma piuttosto un disturbo persistente che può avere gravi conseguenze per la salute fisica e mentale, nonché per la produttività e la qualità della vita dei dipendenti e, di concerto, dell'azienda.

In questo libro, ci immergeremo nel mondo complesso dello stress lavoro-correlato. Esploreremo le sue radici, analizzeremo gli impatti devastanti che può avere sulle persone e sulle organizzazioni, e forniremo strategie concrete per prevenirlo e gestirlo in modo efficace. Ma non ci limiteremo alle teorie e ai concetti astratti; invece, ci baseremo su fatti realmente accaduti, su esperienze di vita vissuta e su storie aziendali reali. In appendice, con la collaborazione di Teseo (studio di psicologia sociale e clinica impegnato a fornire risposte a supporto della Direzione Risorse Umane e per le Società di selezione del personale), presenteremo una serie di casi aziendali e di possibili soluzioni.

La ragione dietro questa scelta è semplice: crediamo che la narrazione di storie reali sia il modo migliore per far emergere la complessità dello stress lavoro-correlato e per dimostrare che è un problema concreto e tangibile che colpisce molte persone in tutto il mondo. Ogni storia aziendale che esploreremo in questo libro è una testimonianza della lotta umana contro il peso del lavoro e della resilienza di coloro che hanno trovato modi per superare questa sfida.

Ma perché dovremmo preoccuparci dello stress lavoro-correlato? La risposta è chiara: perché riguarda tutti noi. Che tu sia un dirigente d'azienda, un dipendente o un imprenditore, lo stress legato al lavoro può penetrare ogni aspetto della tua vita. Può erodere la tua salute fisica e mentale, minare la tua soddisfazione professionale e influenzare le tue relazioni personali.

Nel corso di questo libro, esploreremo le radici profonde dello stress lavoro-correlato, analizzando le sue cause principali e gli effetti devastanti che può avere. Scopriremo come le aziende possono svolgere un ruolo cruciale nella prevenzione e nella gestione dello stress, e come i dipendenti possono fare la loro parte per migliorare la propria resilienza. Esamineremo anche le leggi e le normative che regolamentano questo problema e guarderemo al futuro, esplorando le tendenze emergenti nella gestione dello stress lavoro-correlato.

Iniziamo un viaggio attraverso il mondo dello SLC, un viaggio che speriamo possa portare ad una maggiore comprensione e a soluzioni efficaci per affrontare questa sfida globale.

Condivideremo storie di successo e lezioni apprese da casi reali, ispirandoci a migliorare la salute e il benessere dei lavoratori in tutto il mondo.

Nel nostro viaggio per comprendere appieno lo stress lavoro-correlato, è utile iniziare con una definizione chiara e una contestualizzazione di questo fenomeno secondo l'INAIL, l'Istituto Nazionale per l'Assicurazione contro gli Infortuni sul Lavoro. Questo organismo governativo svolge un ruolo fondamentale nell'analisi e nella gestione dei rischi legati al lavoro in molti paesi.

L'INAIL definisce lo stress lavoro-correlato come un *disturbo psicofisico causato dalla reazione del lavoratore a fattori psicologici, emotivi, sociali, e ambientali presenti nell'ambiente di lavoro. Questi fattori possono creare tensione e pressione psicologica che supera la capacità del lavoratore di farvi fronte o controllarli.* Tra questi fattori, uno dei più noti è il mobbing, o molestia psicologica sul lavoro. Il mobbing comprende comportamenti ostili, ripetuti e dannosi, come il bullismo, l'isolamento, le minacce, e altre forme di persecuzione psicologica da parte di colleghi, superiori o subordinati.

Il mobbing non solo è un fattore scatenante di stress, ma può anche avere gravi conseguenze per la salute fisica e mentale del lavoratore, oltre a rappresentare una minaccia per l'azienda stessa, che rischia di affrontare denunce e conseguenze legali significative. In questo libro, esamineremo il ruolo del mobbing come parte integrante del problema dello stress lavoro-correlato e forniremo strategie per affrontarlo in modo efficace, sia dal punto di vista dell'individuo che dell'organizzazione.

Contestualizzazione nell'ambito lavorativo

Nel contesto lavorativo, lo stress lavoro-correlato può manifestarsi in vari modi. Può derivare da un ambiente di lavoro eccessivamente competitivo, da pressioni per raggiungere obiettivi irraggiungibili o da conflitti interpersonali all'interno del team. Può anche essere scatenato da cambiamenti organizzativi, da una mancanza di supporto da parte dell'azienda o da una mancanza di equilibrio tra vita lavorativa e vita privata.

L'INAIL svolge un ruolo cruciale nella promozione di politiche aziendali orientate al benessere dei lavoratori e nella definizione di linee guida per la prevenzione e la gestione dello stress lavoro-correlato.

Nel corso di questo libro, esamineremo come le aziende possano affrontare in modo efficace questo problema e garantire un ambiente di lavoro sano e produttivo per tutti i dipendenti.

Il lavoro oggi e il lavoro... soltanto ieri

Sezione 1: Il Lavoro in un Mondo Analogico

<u>Sottosezione 1: Strumenti e Tecnologie</u>

Nel mondo del lavoro fino a una quarantina di anni fa, prima dell'avvento dell'informatica e dell'automazione avanzata, gli strumenti e le tecnologie utilizzati erano molto diversi da quelli di oggi. In questa sottosezione, esploreremo brevemente come erano organizzati i luoghi di lavoro e quali strumenti e tecnologie venivano utilizzati:

Macchine da Scrivere e Calcolatori Meccanici: Al centro di ogni ufficio c'era spesso una sala macchine, con un esercito di segretarie e impiegati che utilizzavano macchine da scrivere meccaniche per redigere documenti. I calcolatori meccanici, invece, venivano utilizzati per compiere calcoli complessi, spesso per scopi contabili.

Schedari Cartacei: La gestione delle informazioni si basava principalmente su schedari cartacei. I documenti importanti venivano archiviati in armadi pieni di cartelle cartacee, e la ricerca di un documento richiedeva spesso molto tempo.

Comunicazioni Basate su Carta: La comunicazione aziendale si basava principalmente sulla posta cartacea e sui documenti cartacei. Le lettere e i memo venivano inviati per posta, e le risposte richiedevano giorni o settimane.

Appunti Scritti a Mano: Gli appunti durante le riunioni venivano presi a mano su fogli di carta o quaderni, e la trascrizione digitale non era un'opzione.

Comunicazione Telefonica Limitata: Le chiamate telefoniche erano effettuate principalmente da telefoni fissi, e le comunicazioni erano spesso limitate a conversazioni vocali.

Strumenti di Disegno Manuali: In settori come l'architettura e l'ingegneria, i disegni tecnici venivano realizzati a mano con l'ausilio di squadre, compassi e matite.

Questa panoramica sugli strumenti e le tecnologie utilizzati in un mondo di lavoro analogico evidenzia quanto sia cambiato il contesto lavorativo con l'evoluzione della tecnologia. I cambiamenti nella tecnologia hanno aperto nuove opportunità, ma hanno anche portato nuove sfide, tra cui la necessità di adattarsi a nuovi strumenti e modelli di lavoro. Nel corso di questo capitolo, esamineremo come questi cambiamenti abbiano influenzato lo stress lavoro-correlato e come i lavoratori si sono adattati a nuove modalità di lavoro.

Sottosezione 2: Organizzazione del Lavoro

L'organizzazione del lavoro in un mondo analogico era significativamente diversa rispetto ai modelli attuali.

Orari Fissi e Strutture Rigide: Le giornate lavorative erano generalmente basate su orari fissi e strutturati. I dipendenti dovevano presentarsi in ufficio a un orario specifico e rimanere fino a un orario prestabilito. Questo modello era ampiamente accettato e praticato. Ricordare oggi, dopo l'esperimento dello Smart Working che ha interessato oltre 8 milioni di lavoratori nel nostro Paese nel periodo della Pandemia di Covid 19, sembra oltre che lontano anni luce anche un po' anacronistico seppure le resistenze delle imprese siano ancora fortissime: un articolo di pochi giorni fa su Forbes di agosto, ' La rivoluzione tradita dello smart working' evidenzia come le imprese, a fronte di un conclamato aumento di almeno l'otto per cento della produttività stiano richiamando i dipendenti in azienda.

Gerarchie Organizzative Rigide: Le aziende erano spesso caratterizzate da gerarchie organizzative rigide. Le decisioni venivano prese dai dirigenti e comunicate ai dipendenti senza troppo coinvolgimento nel processo decisionale. Le comunicazioni verticali erano predominanti.

Gestione delle Risorse Umane Tradizionale: La gestione delle risorse umane era basata su pratiche tradizionali. Le promozioni e gli aumenti di stipendio venivano spesso concessi in base all'anzianità, piuttosto che al merito.

Assenza di Strumenti di Collaborazione Digitale: L'assenza di strumenti di collaborazione digitali significava che la collaborazione tra i dipendenti avveniva principalmente in presenza fisica o attraverso scambi di documenti cartacei.

Comunicazione a Senso Unico: La comunicazione all'interno delle aziende era spesso a senso unico, con i dirigenti che comunicavano le decisioni ai dipendenti senza un reale spazio per il feedback o il coinvolgimento attivo dei lavoratori nelle decisioni aziendali.

Limitate Opportunità di Lavoro Flessibile: Il concetto di lavoro flessibile, come il telelavoro o l'orario flessibile, era praticamente inesistente. La presenza fisica in ufficio era considerata essenziale.

Questo modello di organizzazione del lavoro era ampiamente accettato e consolidato in un'epoca in cui le tecnologie e le opzioni di comunicazione erano limitate. Tuttavia, il cambiamento tecnologico e l'evoluzione delle aspettative dei lavoratori hanno portato a una trasformazione radicale nel modo in cui il lavoro è organizzato oggi.

Le organizzazioni hanno dovuto adattarsi per rimanere competitive.

Le giornate lavorative e le attività aziendali venivano strutturate diversamente. La gerarchia aziendale e la gestione delle risorse umane si è modificata, forse evoluta, in maniera sostanziale

Le fonti di stress in un ambiente di lavoro analogico erano costituite per lo più da sfide legate al tempo, alla comunicazione e alle responsabilità.

Il lavoro è cambiato drasticamente con l'avvento dell'informatica, dell'automazione e della digitalizzazione. In particolare per quanto concerne i seguenti punti:

La Rivoluzione Digitale: L'informatica ha trasformato i processi aziendali, la comunicazione e la gestione delle informazioni. L'importanza dei computer, del software e della connettività.

Nuovi Modelli di Lavoro: L'emergere del telelavoro, delle collaborazioni globali e dei modelli di lavoro più flessibili. Il lavoro è diventato meno legato a un luogo fisico.

Le nuove sfide legate allo stress nell'era digitale, compresi i problemi legati alla costante connettività, alla gestione delle informazioni e alla pressione per rimanere competitivi rappresentano un delicato punto di attenzione e una fonte inesauribile di disagio per una parte della popolazione lavorativa abituata a modalità di lavoro differenti.

Non è una novità che il cambiamento generi stress ma, come abbiamo avuto modo di affermare più sopra, i cambiamenti avvenuti negli ultimi cinquant'anni sono stati più impetuosi che quelli avvenuti nei cinquecento precedenti…

Questa sezione introduttiva può aiutare i lettori a comprendere come il contesto lavorativo è cambiato nel corso del tempo e a prepararsi per la discussione successiva sugli impatti dello stress lavoro-correlato in questo contesto moderno.

Sezione 1: Cause Principali dello Stress Lavoro-correlato.

Per affrontare efficacemente lo stress lavoro-correlato, è essenziale esaminare le sue cause principali, in quanto solo comprendendo queste radici profonde possiamo sperare di sviluppare strategie per la prevenzione e la gestione. Nel corso di questa sezione, esploreremo alcune delle cause chiave che contribuiscono a scatenare lo stress sul posto di lavoro, con particolare attenzione al mobbing.

Carichi di Lavoro Eccessivi: Uno dei fattori più comuni che contribuiscono allo stress lavoro-correlato è il carico di lavoro eccessivo. I lavoratori spesso si trovano a dover gestire un volume di compiti e responsabilità che supera di gran lunga la loro capacità di affrontarli in modo efficace. Questa situazione può portare a una costante pressione per raggiungere obiettivi irraggiungibili e rispettare scadenze serrate, con conseguenze evidenti sulla salute mentale e fisica.

Mancanza di Controllo: La sensazione di non avere controllo sulla propria situazione lavorativa è un altro fattore scatenante di stress. Quando i lavoratori hanno la percezione di avere poco o nessun potere decisionale sulle proprie attività o sulle condizioni di lavoro, possono sentirsi impotenti e frustrati, il che può contribuire in modo significativo allo stress.

Ambiente di Lavoro Competitivo: In un mondo del lavoro sempre più competitivo, l'ambiente di lavoro può diventare un terreno fertile per lo stress. La pressione costante per superare i colleghi, ottenere promozioni o dimostrare il proprio valore può portare a una crescente ansia e a un senso di insoddisfazione professionale.

Cambiamenti Organizzativi: I cambiamenti all'interno dell'organizzazione, come riorganizzazioni aziendali, fusioni o acquisizioni, possono destabilizzare i lavoratori e aumentare il livello di incertezza. La mancanza di chiarezza sul futuro può causare stress e resistenza al cambiamento.

Scarso Supporto Organizzativo: La mancanza di supporto da parte dell'azienda è un altro fattore critico. Quando i lavoratori non ricevono il sostegno necessario dai propri superiori o dall'organizzazione nel suo complesso, possono sentirsi isolati e abbandonati, aumentando il loro stress.

Mobbing: Il mobbing, o molestia psicologica sul lavoro, rappresenta un'importante causa di stress. Comportamenti ostili, ripetuti e dannosi da parte di colleghi, superiori o subordinati possono creare un ambiente di lavoro tossico che mette a dura prova la salute mentale e fisica dei lavoratori.

Questi sono solo alcuni dei fattori che contribuiscono allo stress lavoro-correlato, con il mobbing che gioca un ruolo significativo. Nel corso di questo capitolo, analizzeremo ciascuna di queste cause, esplorando le loro manifestazioni, gli impatti sulla salute e le strategie per affrontarle in modo efficace sia a livello individuale che organizzativo. Conoscere le cause è il primo passo fondamentale per gestire lo stress sul posto di lavoro in modo efficace e sostenibile.

LA RIVOLUZIONE DIGITALE: Come l'informatica ha trasformato i processi aziendali, la comunicazione e la gestione delle informazioni.

La Rivoluzione Digitale

L'ascesa dell'informatica e della tecnologia digitale ha rivoluzionato il mondo del lavoro in maniera profonda e inarrestabile. La rivoluzione digitale ha trasformato i processi aziendali, la comunicazione e la gestione delle informazioni.

Prima di tutto l'automazione dei Processi: L'informatica ha, infatti, permesso l'automazione di numerosi processi aziendali. Task ripetitivi e noiosi che un tempo richiedevano ore di lavoro manuale ora possono essere eseguiti in modo efficiente da software e sistemi automatizzati. Questo ha liberato il tempo dei dipendenti per attività di maggior valore aggiunto. Tuttavia l'automazione spinta ha marginalizzato e spesso escluso quei lavoratori, con maggior anzianità aziendale e anagrafica che hanno difficoltà ad adattarsi e rassegnarsi al cambiamento. Il fatidico: *"si è sempre fatto così"* è ancora un freno allo sviluppo aziendale e, nello stesso tempo, rappresenta un ostacolo al cambiamento e alla crescita aziendale e individuale del lavoratore che si sente emarginato e sorpassato dai nuovi arrivati, giovani e spesso 'nativi digitali'.

L'introduzione di software specializzati ha ottimizzato le operazioni in settori specifici. Ad esempio, nel campo contabile, software di contabilità automatizzata hanno semplificato la gestione finanziaria. In ambito creativo, strumenti di progettazione grafica e video editing hanno rivoluzionato la produzione multimediale. L'intelligenza artificiale ha dato una spallata definitiva a quei lavoratori impegnati ad esempio nella redazione di blog, siti, comunicazione interna, normativa, che si sentono 'sostituiti' da una macchina senza rendersi conto che l'AI è uno strumento e come tale va utilizzato. Certo è che chi saprà utilizzarlo sarà maggiormente avvantaggiato rispetto a coloro i quali negano, rifiutano e demonizzano proprio come è già successo con l'avvento di nuove tecnologie (l'esempio precedente della Linotype è sempre valido).

La connettività globale ha reso possibile il lavoro da remoto e la collaborazione internazionale. I dipendenti possono ora comunicare, condividere informazioni e collaborare con colleghi e partner in tutto il mondo in tempo reale, grazie a Internet e agli strumenti di comunicazione online.

La transizione da documenti cartacei a file digitali ha semplificato notevolmente la gestione delle informazioni. I documenti possono essere archiviati, cercati e condivisi facilmente, riducendo il tempo trascorso a cercare informazioni in carta.

La rivoluzione digitale ha dato vita a nuovi modelli di business, come l'e-commerce, il lavoro freelance online e le piattaforme di condivisione. Questi nuovi modelli hanno aperto opportunità di lavoro completamente nuove, ma hanno anche creato sfide in termini di sicurezza e precarietà lavorativa.

L'uso diffuso dei computer e della connettività ha portato alla crescente importanza della sicurezza informatica. Le aziende devono ora proteggere i dati sensibili da minacce informatiche sempre più sofisticate.

Questa rivoluzione digitale ha portato a cambiamenti radicali nel modo in cui le aziende operano e come i dipendenti svolgono il loro lavoro. Se da un lato ha creato opportunità senza precedenti, dall'altro ha anche generato nuove fonti di stress legate alla costante connettività, alla pressione per l'aggiornamento tecnologico e alla necessità di acquisire competenze digitali avanzate.

È palese come queste trasformazioni abbiano influenzato lo stress lavoro-correlato e come le organizzazioni affrontano le sfide del mondo digitale per garantire il benessere dei loro dipendenti.

Nuovi Modelli di Lavoro

Abbiamo più sopra accennato a modalità di lavoro da remoto come lo smart working e il telelavoro, ossia come il lavoro è diventato meno legato a un luogo fisico. La recente pandemia di Covid 19 ha visto 8 milioni di lavoratori nel nostro Paese lavorare da casa con modalità nuove per loro (prima del Covid si stimano in 530.000 i lavoratori in smart working). Questa modalità lavorativa ha rappresentato per la maggioranza dei lavoratori (82,4% secondo le stime dell'Osservatorio del Politecnico di Milano) una esperienza estremamente positiva anche se complicata da fattori come la scarsa competenza tecnologica e le difficoltà legate agli spazi abitativi non particolarmente idonei. Il 17, 3%[8] ha vissuto male l'esperienza di lavoro da remoto. Il bilanciamento di lavoro 'in presenza' e di lavoro in smart working è, sicuramente, uno dei temi importanti che rappresentano motivo di stress da parte del lavoratore. Le aziende tendono a relegare l'esperienza dello smart working come superata nel cosiddetto *new normal* del dopo la pandemia. Non è così per i lavoratori che hanno apprezzato questa modalità (con un incremento della produttività, oltretutto) e si vedono negata la possibilità di reiterarla anche a fronte di una normativa che ha, finalmente, anche nel nostro Paese, recepito il cambiamento in atto.

Ma non è tutto. L'avvento della tecnologia digitale e della connettività globale ha reso possibile il lavoro collaborativo su scala mondiale. Oggi è possibile lavorare con team, clienti o partner commerciali situati in diverse parti del mondo. Questa tendenza ha

---

[8] Fonte: elaborazioni su dati Inapp – V Indagine Inapp QdL (campione Lavoratori)

portato a una serie di cambiamenti significativi nel modo in cui le aziende operano e come i dipendenti affrontano le sfide del lavoro nell'era digitale. Ad esempio: Team Multinazionali: Molte aziende ora formano team di lavoro composti da membri situati in diverse parti del mondo. Questo consente di accedere a competenze e talenti globali e di affrontare progetti su scala internazionale.

Fusi Orari e Flessibilità: Le collaborazioni globali spesso implicano la necessità di lavorare con colleghi che si trovano in fusi orari diversi. Questo richiede flessibilità nell'organizzazione delle riunioni e delle comunicazioni per garantire la collaborazione efficace tra diverse zone orarie.

Le collaborazioni globali portano, tuttavia, inevitabilmente alla diversità culturale. Il lavoro con persone di diverse culture richiede una comprensione approfondita delle differenze culturali e delle dinamiche interculturali.

La comunicazione in contesti globali avviene principalmente attraverso strumenti di comunicazione virtuale come videoconferenze, chat e email. La gestione delle comunicazioni virtuali e la prevenzione di fraintendimenti diventano competenze chiave.

Anche per i manager si presentano nuove sfide: I leader devono affrontare sfide uniche nel gestire team globali. La leadership efficace richiede una comprensione approfondita delle esigenze e delle aspettative dei dipendenti di diverse culture.

Le collaborazioni globali possono portare a una maggiore efficienza, alla diversificazione delle prospettive e all'accesso a nuovi mercati, tuttavia possono anche presentare sfide legate alla comunicazione, alla gestione dei conflitti e alla creazione di un senso di appartenenza in team virtuali.

Un altro elemento di stress è costituito dagli...orari: le differenze nei fusi orari possono rendere difficile il bilanciamento tra vita lavorativa e privata per i dipendenti coinvolti in collaborazioni globali. La necessità di partecipare a riunioni o di rispondere a comunicazioni in orari non convenzionali può mettere a dura prova l'equilibrio tra lavoro e vita privata.

Le collaborazioni globali rappresentano, tuttavia, una delle principali evoluzioni del mondo del lavoro nell'era digitale. Mentre offrono opportunità significative, è importante anche riconoscere le sfide che comportano e sviluppare strategie per gestirle in modo efficace e potersi adattare a questo nuovo modello di lavoro.

Sempre più stress

L'insoddisfazione che, strisciante, diviene stress è una costante in quei lavoratori che si trovano ad operare in posizioni organizzative non adatte alle loro competenze. Per competenze intendiamo l'insieme delle conoscenze e capacità che consentono a un addetto di ricoprire adeguatamente una posizione organizzativa.

Ciascuna posizione organizzativa è caratterizzata da… aspettative. Le aspettative del proprio Capo, quelle dei Colleghi, quelle dei Dipendenti (non necessariamente gerarchici ma che 'dipendono' dalle risposte di chi ricopre il ruolo), dei 'Clienti'.

Nel grafico che segue esemplifichiamo il concetto:

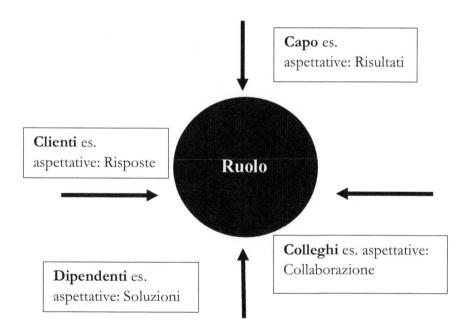

In sintesi chi ricopre un ruolo, che è coerente alla posizione organizzativa ricoperta, si trova nella situazione di dover dare risposte al proprio Capo, ai Clienti, ai Colleghi e ai Dipendenti... contemporaneamente e nello stesso tempo.

Se chi ricopre la posizione non riesce a dare le risposte attese, esce dal ruolo.

E il Ruolo non rimane mai scoperto ma viene ricoperto, in modo formale o informale, da qualcun altro che è in grado di gestire meglio o più velocemente le aspettative.

Questo non accade solamente in azienda, anche nella nostra vita privata, in famiglia, chi ricopre ad esempio la 'posizione organizzativa' con il ruolo del capofamiglia, dovrà dare risposta alle aspettative del coniuge, dei figli, ecc. Quando non dovesse riuscire, uscirebbe da 'ruolo' che verrebbe assunto da qualcun altro (amici, parenti, ecc.).

L'uscita dal 'Ruolo' è oggi più che mai un motivo di stress.

L'uscita dal ruolo è determinata da mancanza di competenze o da un inadeguato posizionamento relativamente alle competenze possedute. Spesso le competenze carenti sono legate alle 'capacità[9]' più che alle 'conoscenze'.

Teseo Studio, a tal proposito, ha messo a punto uno strumento, 'Monitor' per valutare le competenze e indirizzare l'azienda a collocare le risorse umane nell'organigramma nella posizione più idonea, ove possibile, con mutua soddisfazione.

Nell'appendice dedicata ai casi di Stress lavoro correlato verrà presentato un caso emblematico di 'riposizionamento' a seguito della Rilevazione delle Competenze con i test 'Monitor'.

---

[9] Le capacità sono costituite dalle cosiddette competenze trasversali o soft skills. Il concetto di soft skill fa riferimento in particolare alle competenze legate all'intelligenza emotiva e alle abilità naturali che ciascuno di noi possiede. Sono caratteristiche trasversali e pertinenti ai tratti specifici della personalità e fanno riferimento anche alle qualità relazionali e alla creatività. Le soft skills non riguardano, dunque, le competenze tecniche (le cosiddette hard skills), ma sono legate a come si interagisce con le persone, si risolvono i problemi, si sviluppano le idee, si gestiscono il proprio tempo e le proprie responsabilità.

La perdita del Ruolo, anche dove non palese, non penalizzata da un ridimensionamento o, peggio, dal cambio di mansione è sempre un motivo di stress e di insoddisfazione, spesso dovuta alla consapevolezza della propria inadeguatezza e al rischio di emarginazione. Non è, tuttavia, la sola origine di stress comune in azienda oggi, dove i motivi possono essere rappresentati da:

Pressione per le Prestazioni: Le aziende spesso pongono una forte enfasi sulle prestazioni, chiedendo ai dipendenti di raggiungere obiettivi ambiziosi e di mantenere alti livelli di produttività. La costante pressione per ottenere risultati può portare a elevati livelli di stress, specialmente se non viene fornito il supporto necessario.

Ambiente di Lavoro Competitivo: In un mondo del lavoro sempre più competitivo, la competizione tra colleghi può diventare intensa. La lotta per le promozioni e il desiderio di essere i migliori possono creare un ambiente di lavoro stressante.

Cambiamenti Organizzativi: Le aziende spesso subiscono cambiamenti organizzativi, come fusioni, acquisizioni o riorganizzazioni. Questi cambiamenti possono generare incertezza tra i dipendenti e creare uno stress aggiuntivo.

Scarso Equilibrio tra Lavoro e Vita Personale: La difficoltà nel bilanciare le esigenze lavorative con quelle personali e familiari è una fonte di stress sempre più comune. La crescente connettività digitale può portare a una sensazione di essere costantemente "sul lavoro".

Mobbing e Comportamenti Disfunzionali: Il mobbing e i comportamenti disfunzionali nell'ambiente di lavoro possono causare un notevole stress. Il bullismo, la discriminazione e l'ostilità tra colleghi o superiori possono danneggiare gravemente la salute mentale dei lavoratori.

Sicurezza del Lavoro: L'insicurezza lavorativa, inclusa la paura di perdere il lavoro o di essere licenziati, è una fonte significativa di stress per molti lavoratori.

Sovraccarico di Compiti: Assegnare troppi compiti e responsabilità ai dipendenti senza le risorse adeguate può portare a un sovraccarico di lavoro, che è una delle principali cause di stress lavoro-correlato.

Comunicazione Inefficace: La mancanza di comunicazione efficace all'interno dell'organizzazione può portare a fraintendimenti, disinformazione e conflitti, contribuendo allo stress.

Mancanza di Autonomia: La mancanza di autonomia e controllo sul proprio lavoro può essere fonte di stress, specialmente per i dipendenti che si sentono limitati nelle decisioni che possono prendere.

Sfide Tecnologiche: Anche se la tecnologia offre molte opportunità, può anche essere una fonte di stress quando i dipendenti si sentono sopraffatti dalla quantità di strumenti digitali e dalla costante connettività.

Proviamo di seguito a vedere, una per una, queste potenziali cause scatenanti lo stress sul posto di lavoro.

1) PRESSIONE PER LE PRESTAZIONI:

La costante pressione per le prestazioni è una delle principali fonti di stress nel mondo del lavoro moderno. Le aziende spesso richiedono ai dipendenti di raggiungere obiettivi ambiziosi e di mantenere alti livelli di produttività. Questa pressione può derivare da diverse fonti:

Obiettivi di Vendita e Reddito: In molte aziende, i dipendenti legati alle vendite o alle entrate sono soggetti a obiettivi di vendita e reddito molto aggressivi. La necessità di raggiungere costantemente questi obiettivi può generare ansia e stress.

Scadenze Strette: In alcuni settori, come il giornalismo, la pubblicità o l'informatica, le scadenze strette sono all'ordine del giorno. Lavorare sotto pressione per rispettare tali scadenze può essere estremamente stressante.

Confronto con i Colleghi: La competizione tra colleghi per ottenere promozioni o riconoscimenti può aumentare la pressione per le prestazioni. Il desiderio di essere considerati tra i migliori può portare a un ambiente di lavoro stressante.

Valutazioni Periodiche: Le valutazioni periodiche delle prestazioni possono mettere sotto pressione i dipendenti, specialmente se sono legate a aumenti di stipendio o opportunità di crescita professionale.

Cambiamenti Organizzativi: Durante periodi di cambiamenti organizzativi, come fusioni o riorganizzazioni, la pressione per dimostrare il proprio valore e mantenere il posto di lavoro può aumentare notevolmente.

Sovraccarico di Lavoro: Quando ai dipendenti vengono assegnati troppi compiti e responsabilità senza le risorse adeguate, possono sentirsi sopraffatti dalla pressione per completare tutto in tempo.

Affrontare la pressione per le prestazioni è essenziale per il benessere dei lavoratori e la produttività dell'azienda. Alcune strategie per gestire questa pressione includono:

Stabilire Obiettivi Realistici: Avere obiettivi ambiziosi è importante, ma devono essere realistici e raggiungibili. Definire obiettivi chiari e realistici può ridurre lo stress legato alle aspettative irrealistiche.

Comunicazione Efficace: I dipendenti dovrebbero sentirsi in grado di comunicare apertamente con i superiori riguardo alle sfide e alle pressioni che affrontano. La comunicazione può aiutare a trovare soluzioni e adattare gli obiettivi quando necessario.

Gestione del Tempo: Imparare a gestire il tempo in modo efficace può aiutare i dipendenti a rispettare le scadenze senza sentirsi sopraffatti. La pianificazione delle attività e la priorizzazione dei compiti sono abilità importanti.

Promuovere il Benessere Mentale: Le aziende possono promuovere il benessere mentale dei dipendenti attraverso programmi di sostegno psicologico e l'accesso a risorse di gestione dello stress.

Formazione e Sviluppo: Fornire opportunità di formazione e sviluppo ai dipendenti può migliorare le loro competenze e la loro fiducia, contribuendo a ridurre la pressione.

Promuovere una Cultura di Supporto: Le aziende possono creare una cultura aziendale che promuova il sostegno reciproco tra colleghi anziché la competizione distruttiva.

Affrontare la pressione per le prestazioni richiede una combinazione di strategie individuali e di supporto da parte dell'azienda. È importante riconoscere che una pressione eccessiva può avere effetti negativi sulla salute mentale dei lavoratori e sulla loro produttività, e pertanto va gestita in modo adeguato.

2)   AMBIENTE DI LAVORO COMPETITIVO:

In un mondo del lavoro sempre più competitivo, l'ambiente di lavoro può diventare un luogo di intensa competizione tra colleghi. Questa competizione può contribuire a un aumento dello stress e a un ambiente di lavoro meno sano. Ecco alcuni aspetti chiave dell'ambiente di lavoro competitivo:

Concorrenza per le Promozioni: La competizione per ottenere promozioni o avanzamenti di carriera può essere molto intensa. I dipendenti spesso cercano di dimostrare di essere i migliori per accedere a queste opportunità.

Desiderio di Eccellenza: Molti dipendenti aspirano all'eccellenza e desiderano essere riconosciuti come i migliori nel loro settore. Questo desiderio di eccellenza può portare a un costante senso di competizione e di conseguente frustrazione qualora le attese, sempre più elevate, non dovessero venire raggiunte.

Pressione per il Successo: La società moderna spinge spesso all'individualismo e al successo personale. Questa pressione per avere successo può portare i dipendenti a competere costantemente per dimostrare il proprio valore.

Confronto con i Colleghi: Il confronto costante con i colleghi, sia in termini di prestazioni che di successo, può creare un ambiente in cui i dipendenti si sentono costantemente valutati.

Gestire un ambiente di lavoro competitivo può essere una sfida, ma esistono strategie per farlo in modo sano e produttivo:

Collaborazione: Promuovere la collaborazione tra colleghi anziché la competizione può migliorare l'ambiente di lavoro. Le aziende possono incoraggiare team di lavoro collaborativi in cui i membri lavorano insieme verso obiettivi comuni.

Riconoscimento Equo: Assicurarsi che le promozioni e le opportunità di avanzamento siano basate sul merito e siano distribuite in modo equo può ridurre la competizione ingiusta.

Bilanciare il Lavoro di Squadra e l'Individuale: Trovare un equilibrio tra il lavoro di squadra e l'individualismo può permettere ai dipendenti di sentirsi parte di un team senza perdere il loro senso di identità personale.

Crescita Personale: Promuovere la crescita personale e lo sviluppo delle competenze può aiutare i dipendenti a sentirsi realizzati senza doversi confrontare costantemente con gli altri.

Comunicazione Aperta: Favorire una comunicazione aperta in cui i dipendenti possano esprimere le proprie preoccupazioni o frustrazioni può contribuire a risolvere conflitti e a ridurre la tensione.

Benessere: Mettere in atto programmi di benessere dei dipendenti che includano attività ricreative, programmi di fitness e supporto per la salute mentale può aiutare i lavoratori a gestire lo stress legato all'ambiente competitivo.

Un ambiente di lavoro competitivo non deve necessariamente essere dannoso, ma è importante gestirlo in modo che non porti a stress e conflitti distruttivi tra colleghi. Le aziende possono svolgere un ruolo chiave nella promozione di un ambiente di lavoro sano, in cui la competizione sia motivante e stimolante, ma non eccessivamente stressante.

3) CAMBIAMENTI ORGANIZZATIVI:

I cambiamenti organizzativi sono una realtà comune in molte aziende, ma possono causare stress significativo tra i dipendenti.

Questi cambiamenti possono includere fusioni, acquisizioni, riorganizzazioni o ristrutturazioni. Ecco alcuni punti chiave sui cambiamenti organizzativi come fonte di stress:

Incertezza: Durante i periodi di cambiamenti organizzativi, i dipendenti spesso affrontano un alto grado di incertezza riguardo al futuro. Questa incertezza può riguardare la stabilità del posto di lavoro, i ruoli e le responsabilità, e persino la cultura aziendale.

Carico di Lavoro Aggiuntivo: I cambiamenti organizzativi spesso comportano una maggiore mole di lavoro per pianificare e attuare le modifiche. Questo può portare a un sovraccarico di compiti per i dipendenti esistenti.

Resistenza al Cambiamento: Alcuni dipendenti possono resistere ai cambiamenti e sentirsi stressati dalla necessità di adattarsi a nuove procedure, nuovi processi o nuovi leader.

Perdita di Collegamenti: Durante le fusioni o le acquisizioni, i dipendenti possono perdere collegamenti con colleghi di lunga data o condivisione di cultura aziendale. Questo può essere emotivamente stressante.

Nuovi Ruoli e Responsabilità: I cambiamenti organizzativi possono portare a nuovi ruoli e responsabilità per i dipendenti, che possono sentirsi non preparati o inadeguati per queste sfide.

Gestire i cambiamenti organizzativi in modo efficace può aiutare a ridurre lo stress tra i dipendenti. Ecco alcune strategie per farlo:

Comunicazione Chiara: La comunicazione aperta e chiara è essenziale durante i cambiamenti organizzativi. I dipendenti devono essere informati tempestivamente su ciò che sta accadendo, le ragioni dietro i cambiamenti e come saranno coinvolti.

Coinvolgimento dei Dipendenti: Coinvolgere i dipendenti nel processo decisionale dei cambiamenti può farli sentire più coinvolti e meno passivi rispetto agli eventi.

Supporto per il Cambiamento: Le aziende possono fornire supporto per il cambiamento attraverso programmi di formazione, coaching o consulenza per aiutare i dipendenti ad adattarsi alle nuove circostanze.

Gestione del Tempo: Durante i periodi di cambiamenti organizzativi, la gestione del tempo efficace è fondamentale per gestire il sovraccarico di compiti.

Riconoscimento e Gratificazione: Riconoscere e gratificare i dipendenti per il loro impegno durante i periodi di cambiamento può aumentare la motivazione e ridurre lo stress.

Ascolto Attivo: Le aziende dovrebbero essere pronte ad ascoltare le preoccupazioni dei dipendenti e ad affrontarle in modo adeguato.

Pianificazione a Lungo Termine: Le aziende dovrebbero pianificare i cambiamenti organizzativi a lungo termine, evitando improvvisazioni che possono causare stress aggiuntivo.

Affrontare i cambiamenti organizzativi richiede una combinazione di leadership efficace, comunicazione e supporto per il cambiamento. Le aziende possono aiutare i dipendenti a gestire lo stress associato ai cambiamenti organizzativi fornendo le risorse e il sostegno necessari durante questi periodi di transizione.

4) SCARSO EQUILIBRIO TRA LAVORO E VITA PERSONALE:

Il difficile equilibrio tra lavoro e vita personale è diventato sempre più sfidante nell'ambiente di lavoro moderno. L'incapacità di bilanciare le esigenze lavorative con quelle personali può essere una fonte significativa di stress. Ecco alcuni aspetti chiave del problema:

Connettività Costante: L'accesso costante ai dispositivi digitali e ai mezzi di comunicazione rende difficile staccarsi completamente dal lavoro anche al di fuori dell'orario di lavoro. I dipendenti possono sentirsi costantemente "sul lavoro".

Aspettative di Disponibilità: In alcune aziende, esiste una forte aspettativa che i dipendenti siano disponibili fuori dall'orario di lavoro per rispondere alle email o alle chiamate. Questo può limitare il tempo dedicato alla vita personale.

Lavoro a Domicilio: Mentre il lavoro da casa offre flessibilità, può anche portare a una sfocatura dei confini tra lavoro e vita personale. I dipendenti possono sentirsi costantemente tentati a lavorare anche fuori dagli orari previsti.

Effetti sulla Famiglia: Il mancato equilibrio tra lavoro e vita personale può avere un impatto significativo sulla famiglia dei dipendenti, causando tensioni nelle relazioni e una maggiore pressione sui membri della famiglia.

Stress da Sovraccarico: Quando i dipendenti sono costretti a gestire una carriera impegnativa e responsabilità familiari, possono sperimentare un notevole stress da sovraccarico.

Affrontare il problema dello scarso equilibrio tra lavoro e vita personale è cruciale per il benessere dei dipendenti. Ecco alcune strategie per farlo:

Stabilire Limiti Chiari: I dipendenti dovrebbero stabilire limiti chiari tra il lavoro e la vita personale e rispettarli. Ciò può includere orari di lavoro fissi e la limitazione dell'accesso al lavoro al di fuori di questi orari.

Comunicazione Efficace: I dipendenti devono comunicare apertamente con i loro superiori e colleghi riguardo alle loro esigenze in termini di equilibrio tra lavoro e vita personale.

Gestione del Tempo: Imparare a gestire il tempo in modo efficace può consentire ai dipendenti di essere più produttivi durante l'orario di lavoro e di dedicare più tempo alla vita personale al di fuori dell'ufficio.

Programmi di Flessibilità: Le aziende possono implementare programmi di flessibilità che consentono ai dipendenti di adattare i loro orari di lavoro alle loro esigenze personali.

Supporto alla Famiglia: Le aziende possono offrire supporto alle famiglie dei dipendenti attraverso programmi di assistenza per l'infanzia o l'assistenza ai familiari anziani.

Promuovere il Benessere: Le aziende possono promuovere il benessere dei dipendenti attraverso programmi di fitness, programmi di gestione dello stress e accesso a risorse di salute mentale.

Cultura Aziendale: La creazione di una cultura aziendale che valorizzi l'equilibrio tra lavoro e vita personale può influenzare positivamente il comportamento dei dipendenti.

Lo scarso equilibrio tra lavoro e vita personale può portare a un aumento dello stress e a una diminuzione del benessere complessivo. Affrontare questo problema richiede un impegno sia da parte dei dipendenti che delle aziende per stabilire limiti chiari e promuovere una cultura che valorizzi il benessere dei lavoratori al di fuori dell'ambiente di lavoro.

5) MOBBING E COMPORTAMENTI DISFUNZIONALI:

Il mobbing e i comportamenti disfunzionali nell'ambiente di lavoro possono rappresentare, benché estremi, una delle fonti più gravi di stress per i dipendenti. Questi comportamenti possono avere un impatto significativo sulla salute mentale e sul benessere dei lavoratori. Ecco alcuni aspetti chiave del mobbing e dei comportamenti disfunzionali:

Bullismo: Il bullismo sul posto di lavoro può manifestarsi attraverso comportamenti aggressivi, minacce, insulti, critiche costanti e isolamento intenzionale di un dipendente.

Discriminazione: La discriminazione basata su razza, genere, etnia, orientamento sessuale o altre caratteristiche personali può creare un ambiente di lavoro tossico e stressante.

Ostilità tra Colleghi: Le tensioni tra colleghi, le rivalità e le dispute costanti possono contribuire a un ambiente di lavoro stressante e insalubre.

Mancanza di Supporto: La mancanza di supporto dai superiori o dai colleghi può far sentire i dipendenti isolati e stressati.

Effetti sulla Salute Mentale: Il mobbing e i comportamenti disfunzionali possono avere gravi effetti sulla salute mentale dei lavoratori, portando a ansia, depressione e altri disturbi.

Affrontare il mobbing e i comportamenti disfunzionali richiede un intervento immediato e deciso. Ecco alcune strategie per farlo:

Politiche Aziendali: Le aziende dovrebbero avere politiche chiare contro il mobbing, la discriminazione e i comportamenti disfunzionali, e dovrebbero applicarle in modo rigoroso.

Segnalazione: Dovrebbe essere istituito un sistema di segnalazione sicuro e, soprattutto confidenziale, in cui i dipendenti possano segnalare comportamenti inappropriati senza timore di ritorsioni.

Indagini e Azioni Correttive: Le aziende dovrebbero condurre indagini tempestive su eventuali segnalazioni di mobbing o comportamenti disfunzionali e intraprendere azioni correttive appropriate.

Supporto Psicologico: Fornire supporto psicologico e consulenza ai dipendenti che hanno subito mobbing può essere cruciale per il loro recupero.

Formazione: Ancora una volta la formazione risulta strategica. Formazione sui comportamenti appropriati sul posto di lavoro e la sensibilizzazione contro il mobbing e la discriminazione possono prevenire tali comportamenti.

Promozione di una Cultura Rispettosa: Le aziende dovrebbero promuovere una cultura aziendale basata sul rispetto reciproco, l'inclusione e la collaborazione.

Supporto Legale: Se necessario, i dipendenti dovrebbero essere informati sui loro diritti legali e sulle opzioni legali disponibili per affrontare il mobbing e la discriminazione.

Il mobbing e i comportamenti disfunzionali non solo danneggiano la salute mentale dei dipendenti ma possono anche compromettere la produttività e la reputazione dell'azienda. Affrontare questi comportamenti in modo efficace è essenziale per promuovere un ambiente di lavoro sano e rispettoso.

6) SICUREZZA DEL LAVORO

La sicurezza del proprio posto di lavoro è una questione fondamentale per i dipendenti e può rappresentare una fonte significativa di stress. La paura di perdere il lavoro o di essere licenziati può avere un impatto notevole sulla salute mentale dei lavoratori. Ecco alcuni aspetti chiave legati alla sicurezza del lavoro come fonte di stress:

Instabilità Economica: In periodi di incertezza economica o di difficoltà aziendali, i dipendenti possono sentirsi preoccupati per la sicurezza del proprio lavoro.

Riduzioni del Personale: Le riduzioni del personale possono portare a un clima di incertezza e stress tra i dipendenti, che temono di essere i prossimi a essere licenziati.

Cambiamenti Organizzativi: I cambiamenti organizzativi, come fusioni o ristrutturazioni, possono comportare la riduzione dei posti di lavoro o la riallocazione dei dipendenti, aumentando l'insicurezza.

Performance Insoddisfacenti: I dipendenti che sentono di non soddisfare le aspettative dell'azienda o di essere in pericolo di essere licenziati a causa delle prestazioni insoddisfacenti possono sperimentare uno stress significativo.

Lavoro Precario: In alcuni settori, i lavoratori precari o a contratto possono sentirsi particolarmente vulnerabili alla perdita del lavoro.

Affrontare la preoccupazione per la sicurezza del lavoro è essenziale per il benessere dei dipendenti. Ecco alcune strategie per farlo:

Comunicazione Trasparente: Le aziende dovrebbero comunicare in modo trasparente riguardo alla stabilità dell'organizzazione e alle prospettive future. Questa comunicazione può ridurre l'incertezza.

Programmi di Formazione e Sviluppo: Fornire programmi di formazione e sviluppo può migliorare le competenze dei dipendenti e aumentare la loro fiducia nella sicurezza del lavoro.

Supporto nella Ricollocazione: Se si rendono necessarie riduzioni del personale, le aziende possono offrire supporto nella ricollocazione dei dipendenti, aiutandoli a trovare nuove opportunità lavorative.

Cura della Salute Mentale: Offrire supporto per la salute mentale, come consulenza o programmi di gestione dello stress, può aiutare i dipendenti a far fronte all'ansia legata alla sicurezza del lavoro.

Promuovere una Cultura di Stabilità: Le aziende possono promuovere una cultura aziendale che valorizzi la stabilità a lungo termine e il benessere dei dipendenti.

Valutazione delle Prestazioni: Valutare le prestazioni dei dipendenti in modo equo e trasparente può ridurre la percezione di insicurezza.

Piani di Emergenza: Le aziende dovrebbero avere piani di emergenza e continuità operativa in caso di crisi aziendali, in modo da garantire la sicurezza dei dipendenti.

La sicurezza del lavoro è una questione delicata e la preoccupazione per essa può essere molto reale per i dipendenti. Affrontare questa preoccupazione in modo proattivo e con empatia è essenziale per promuovere il benessere dei lavoratori e la stabilità dell'azienda.

7)   IL SOVRACCARICO DI COMPITI:
Il sovraccarico di compiti è un'ulteriore causa di stress sul posto di lavoro e può essere collegato al modello organizzativo dell'azienda. Ecco alcuni aspetti chiave:

Struttura Organizzativa Complessa: In aziende con una struttura organizzativa complessa, i dipendenti possono trovarsi a gestire una grande quantità di compiti e responsabilità, il che può portare allo stress da sovraccarico.

Scarsa Pianificazione delle Risorse: Una pianificazione delle risorse inadeguata può comportare la distribuzione inefficace del lavoro tra i dipendenti, aumentando il loro carico di lavoro.

Carenza di Personale: Le aziende che operano con personale insufficiente possono richiedere ai dipendenti di coprire più ruoli o svolgere più compiti, aumentando la pressione.

Scarse Procedure e Processi: Procedure e processi inefficaci o poco chiari possono rendere più difficile per i dipendenti svolgere i propri compiti in modo efficiente, generando frustrazione e stress.

Cultura dell'*Overtime*[10]: In alcune aziende, la cultura dell'*Overtime* può essere radicata nel tempo come un'abitudine storica che è difficile da cambiare. È importante notare che, sebbene in alcune situazioni l'*overtime* possa essere inevitabile o necessario, una cultura in cui il lavoro straordinario è costantemente la norma può avere conseguenze negative sulla salute dei dipendenti, sulla loro soddisfazione lavorativa e sulla produttività a lungo termine. Le aziende che desiderano affrontare la cultura dell'*overtime* dovrebbero esaminare attentamente le loro pratiche organizzative e considerare come promuovere un equilibrio più sano tra lavoro e vita personale.

Tecnologia Inadeguata: La mancanza di strumenti o tecnologie adeguate a svolgere i compiti può complicare ulteriormente il lavoro dei dipendenti.

Affrontare il sovraccarico di compiti richiede una valutazione critica del modello organizzativo dell'azienda e delle sue pratiche di gestione. Ecco alcune strategie per farlo:

---

[10] Oltre l'orario (di lavoro), fuori orario: *to work overtime*, fare lo straordinario.

Revisione del Modello Organizzativo: Le aziende dovrebbero valutare la loro struttura organizzativa e i processi interni per identificare e affrontare le inefficienze che contribuiscono al sovraccarico di compiti.

Pianificazione delle Risorse Adeguata: Una pianificazione delle risorse efficace dovrebbe garantire che ci sia abbastanza personale per gestire il carico di lavoro in modo appropriato.

Formazione e Sviluppo: Fornire formazione e sviluppo ai dipendenti può migliorare le loro competenze e la loro capacità di affrontare compiti complessi.

Automatizzazione e Tecnologia: Investire in tecnologie e strumenti che semplificano i compiti può aumentare l'efficienza e ridurre il carico di lavoro.

Promuovere una Cultura dell'Equilibrio: Le aziende dovrebbero promuovere una cultura che valorizzi l'equilibrio tra lavoro e vita personale e che riconosca l'importanza del benessere dei dipendenti.

Gestione del Tempo: Insegnare ai dipendenti tecniche di gestione del tempo può aiutarli a organizzare meglio il loro lavoro e ridurre il sovraccarico di compiti.

Il sovraccarico di compiti può avere gravi conseguenze sulla salute e sulla produttività dei dipendenti. Affrontare questa sfida richiede un impegno a livello aziendale per migliorare il modello organizzativo e fornire ai dipendenti le risorse e le competenze necessarie per gestire efficacemente il loro carico di lavoro.

Alle cause sopra enunciate si affianca un'abitudine radicata nella nostra cultura: la cosiddetta Cultura del Presentismo. In alcune aziende, è comune valutare la presenza fisica in ufficio o il numero di ore trascorse al lavoro anziché valutare le prestazioni o i risultati effettivi. La difficoltà che il management delle imprese ha nel passaggio da una cultura del compito a quella del risultato è una delle cause della scarsa produttività delle imprese italiane confrontate a quelle di altri paesi europei. L'introduzione dello smart working può rappresentare un acceleratore per una seria revisione della cultura manageriale.[11]

8) LA COMUNICAZIONE INEFFICACE:

La comunicazione inefficace all'interno di un'azienda è una delle principali fonti di stress per i dipendenti. Una comunicazione scarsa o inadeguata può portare a malintesi, incertezza e frustrazione tra i lavoratori. Ecco alcuni aspetti chiave della comunicazione inefficace:

Mancanza di Chiarezza: La mancanza di chiarezza nella comunicazione può portare a fraintendimenti, errori e incertezza riguardo alle aspettative e ai compiti.

Scarso Coinvolgimento dei Dipendenti: Quando i dipendenti si sentono esclusi o non informati sulle decisioni aziendali, possono sentirsi trascurati e sottovalutati.

Cattiva Gestione dei Conflitti: La mancanza di canali di comunicazione efficaci per la risoluzione dei conflitti può portare a tensioni persistenti tra i colleghi e i dipendenti.

Disconnessione tra Obiettivi e Lavoro Effettivo: Quando i dipendenti non comprendono appieno come il loro lavoro contribuisce agli obiettivi aziendali più ampi, possono sentirsi demotivati e stressati.

Comunicazione Gerarchica Rigida: Una comunicazione rigida e gerarchica può ostacolare la condivisione di idee e il flusso di informazioni tra i dipendenti e le diverse parti dell'azienda.

Ambiguità nei Ruoli: La mancanza di chiarezza sui ruoli e le responsabilità può portare a sovrapposizioni o a lacune nelle attività svolte dai dipendenti.

---

[11] Italyinsmartworking – G. Spreti - Brè Edizioni 2001

Affrontare la comunicazione inefficace richiede un impegno a migliorare le pratiche di comunicazione all'interno dell'azienda. Ecco alcune strategie per farlo:

Comunicazione Aperta e Trasparente: Promuovere una cultura aziendale in cui la comunicazione sia aperta, trasparente e inclusiva. I dipendenti dovrebbero sentirsi liberi di condividere le loro opinioni e preoccupazioni.

Formazione alla Comunicazione: Offrire formazione sulla comunicazione efficace può aiutare i dipendenti a sviluppare competenze per la gestione dei conflitti, la comunicazione interpersonale e la condivisione di informazioni.

Feedback Regolare: Stabilire canali regolari di feedback tra i dipendenti e i dirigenti può migliorare la comprensione reciproca e la condivisione delle aspettative.

Strumenti di Comunicazione: Utilizzare strumenti di comunicazione interna, come piattaforme digitali o intranet, per facilitare il flusso di informazioni all'interno dell'azienda.

Ascolto Attivo: I dirigenti e i responsabili delle risorse umane dovrebbero praticare l'ascolto attivo, dando importanza alle preoccupazioni e alle prospettive dei dipendenti.

Gestione dei Conflitti: Implementare procedure per la gestione dei conflitti in modo da affrontare le dispute in modo costruttivo e prevenire il loro degenerare in situazioni stressanti.

Chiarezza nei Ruoli e Responsabilità: Assicurarsi che ogni dipendente comprenda chiaramente i propri ruoli, responsabilità e obiettivi, così da evitare ambiguità e sovrapposizioni.

La comunicazione efficace è fondamentale per creare un ambiente di lavoro sano e per ridurre lo stress tra i dipendenti. Migliorare la comunicazione all'interno dell'azienda può contribuire a risolvere i problemi in modo più efficiente, a promuovere una cultura di fiducia e a migliorare il benessere complessivo dei lavoratori.

9) MANCANZA DI AUTONOMIA

La mancanza di autonomia è un'altra causa comune di stress tra i dipendenti. Quando i lavoratori si sentono privati della capacità di prendere decisioni e di gestire il proprio lavoro, possono sperimentare una serie di conseguenze negative. Ecco alcuni aspetti chiave legati alla mancanza di autonomia:

Sentimento di Controllo Limitato: I dipendenti possono percepire che hanno poco controllo o influenza sulle decisioni relative al loro lavoro o alle attività che svolgono.

Rigidità delle Procedure: Procedure e regolamenti aziendali troppo rigidi possono limitare la flessibilità e la capacità dei dipendenti di adattarsi alle situazioni o di proporre soluzioni creative.

Micromanagement: La pratica del micromanagement, in cui i superiori gerarchici controllano e supervisionano ogni aspetto del lavoro dei dipendenti, può far perdere loro un senso di autonomia.

Mancanza di Spazio per l'Innovazione: Quando ai dipendenti non viene data la possibilità di contribuire con idee innovative o di migliorare i processi, possono sentirsi intrappolati in ruoli monotoni e stressanti.

Sensazione di Impotenza: La mancanza di autonomia può far sentire i dipendenti impotenti e privi di voce all'interno dell'azienda.

Affrontare la mancanza di autonomia richiede un approccio olistico per garantire che i dipendenti si sentano valorizzati, coinvolti e in grado di influenzare il proprio lavoro. Ecco alcune strategie per farlo:

Delega delle Responsabilità: I dirigenti dovrebbero considerare la possibilità di delegare responsabilità e decisioni ai dipendenti, dando loro maggiore autonomia sul lavoro.

Cultura dell'Innovazione: Promuovere una cultura aziendale che valorizzi l'innovazione e le idee dei dipendenti può stimolare il loro coinvolgimento e la loro creatività.

Formazione e Sviluppo: Fornire formazione e sviluppo professionale ai dipendenti può migliorare le loro competenze e la loro fiducia nel prendere decisioni autonome.

Fornire Chiarezza nelle Aspettative: Comunicare chiaramente le aspettative e i risultati desiderati può aiutare i dipendenti a comprendere meglio cosa ci si aspetta da loro e a sentirsi più sicuri nell'assumere responsabilità.

Feedback Regolare: Offrire feedback regolare e costruttivo può aiutare i dipendenti a migliorare le proprie prestazioni e a sentirsi più in controllo del proprio lavoro.

Flessibilità: Quando possibile, offrire flessibilità nel modo in cui i dipendenti gestiscono il proprio lavoro, come la possibilità di telelavoro o orari flessibili.

Partecipazione Decisionale: Coinvolgere i dipendenti nelle decisioni che li riguardano può farli sentire parte integrante dell'azienda e aumentare il loro senso di autonomia.

La mancanza di autonomia può rappresentare una fonte significativa di stress per i dipendenti, a questo proposito ci sono approcci e metodologie che le aziende possono adottare per promuovere l'autonomia, il miglioramento continuo e la riduzione dello stress. Due di questi approcci sono il Kaizen e le tecniche di Scrum.

Il Kaizen è un concetto giapponese che promuove il miglioramento continuo in azienda. Si basa sulla filosofia di coinvolgere tutti i dipendenti nell'identificazione di opportunità di miglioramento e nel processo decisionale. Il Kaizen enfatizza:

Partecipazione di Tutti: Tutti i dipendenti sono incoraggiati a contribuire con idee e proposte di miglioramento. Questo favorisce un senso di autonomia e di coinvolgimento.

Processi Agili: Il Kaizen promuove processi agili e flessibili, consentendo ai dipendenti di adattarsi rapidamente ai cambiamenti e alle sfide.

Risoluzione dei Problemi: I problemi sono affrontati in modo collaborativo e le soluzioni sono sviluppate collettivamente, il che può ridurre la sensazione di impotenza tra i dipendenti.

Cultura di Apprendimento: Il Kaizen incoraggia una cultura di apprendimento in cui gli errori sono visti come opportunità di miglioramento anziché come fallimenti.

L'adozione del Kaizen può contribuire a ridurre lo stress, poiché i dipendenti si sentono più coinvolti, autonomi e in grado di influenzare positivamente il loro lavoro e l'azienda.

Le tecniche di Scrum[12] sono un approccio alla gestione dei progetti che enfatizza la flessibilità, la collaborazione e l'autonomia dei team. Alcuni principi chiave di Scrum includono:

Team Auto-organizzati: I team Scrum sono responsabili della pianificazione e dell'organizzazione del proprio lavoro, il che favorisce un senso di autonomia.

Iterazioni Breve (Sprint): I progetti vengono suddivisi in iterazioni brevi (sprint) con obiettivi chiari. Questo permette ai dipendenti di vedere rapidamente i progressi e di adattarsi alle esigenze in evoluzione.

Feedback Continuo: La comunicazione regolare e il feedback sono promossi, il che può migliorare la comprensione delle aspettative e ridurre l'incertezza.

Trasparenza: Tutti i membri del team hanno accesso a informazioni chiare sullo stato del progetto, il che favorisce una migliore comprensione e la condivisione delle informazioni.

Miglioramento Continuo: Scrum incoraggia l'autovalutazione e il miglioramento continuo, contribuendo a creare un ambiente di lavoro in cui l'autonomia e l'innovazione sono promosse.

---

[12] Scrum nasce a metà degli anni novanta nelle aziende informatiche per far fronte alla crescente complessità e al fatto che lo sviluppo del software è un processo creativo.

L'adozione delle tecniche di Scrum può contribuire a ridurre lo stress migliorando la gestione dei progetti, promuovendo l'autonomia dei team e creando un ambiente di lavoro più collaborativo e flessibile.

L'integrazione di approcci come il Kaizen e le tecniche di Scrum può aiutare le aziende a mitigare la mancanza di autonomia e a favorire un ambiente di lavoro in cui i dipendenti si sentano più coinvolti, più in controllo del proprio lavoro e meno stressati.

10) SFIDE TECNOLOGICHE

Come abbiamo avuto modo di rilevare nell'era digitale, le sfide tecnologiche possono essere una fonte significativa di stress per i dipendenti. La rapida evoluzione delle tecnologie e l'adozione di nuovi strumenti possono generare incertezza e pressione sui lavoratori. Ecco alcune sfide tecnologiche comuni che possono contribuire allo stress:

Cambiamenti Tecnologici Rapidi: L'adozione di nuove tecnologie e strumenti, insieme alla necessità di rimanere al passo con i cambiamenti, può mettere pressione sui dipendenti.

Dipendenza dalla Tecnologia: La dipendenza da dispositivi tecnologici e la costante connettività possono rendere difficile per i dipendenti staccarsi dal lavoro e trovare equilibrio tra lavoro e vita personale.

Overwhelm Informativo[13]: L'abbondanza di informazioni e comunicazioni digitali può essere sopraffacente, portando a stress da sovraccarico di informazioni.

Minacce alla Sicurezza Informatica: La consapevolezza delle minacce alla sicurezza informatica e la necessità di adottare pratiche di sicurezza possono essere fonte di preoccupazione.

Pressione per l'Apprendimento Continuo: L'apprendimento continuo delle nuove tecnologie può essere stimolante, ma può anche

---

[13] Umberto Eco sintetizzava questo problema con la frase "troppe informazioni, nessuna informazione".

essere stressante per i dipendenti che devono acquisire rapidamente nuove competenze.

Un'attenzione particolare la riserveremmo a quel fenomeno che abbiamo denominato Overwhelm Informativo. L'overwhelm informativo, noto anche come sovraccarico di informazioni o informazionale, si verifica quando un individuo è esposto a una quantità eccessiva di informazioni, dati o stimoli informativi, al punto da sentirsi sopraffatto e incapace di elaborare, gestire o assimilare efficacemente tali informazioni. È una condizione in cui l'individuo si sente sommerso da una costante flusso di dati provenienti da diverse fonti, come email, social media, notizie, messaggi, documenti di lavoro e altro.

Le cause dell'overwhelm informativo possono variare, ma spesso includono:

Aumento della Connettività Digitale: La crescente dipendenza dalla tecnologia e dai dispositivi digitali significa che le persone sono costantemente connesse e ricevono una quantità sempre maggiore di informazioni.

Molteplici Fonti di Informazione: Le persone sono esposte a molteplici fonti di informazione, compresi social media, notizie online, email, messaggi di testo, app e molto altro.

Carico di Lavoro Elevato: In ambito lavorativo, i dipendenti possono trovarsi a gestire un alto volume di documenti, email e dati, oltre alle loro responsabilità quotidiane.

Aspettative di Risposta Rapida: La società moderna spesso richiede risposte rapide alle comunicazioni, il che può portare a una costante pressione per monitorare e rispondere alle notifiche.

L'overwhelm informativo può avere una serie di conseguenze negative per la salute mentale e fisica degli individui, nonché per la loro produttività e benessere complessivo. Alcune conseguenze comuni includono:

Stress e Ansia: L'abbondanza di informazioni da gestire può causare stress e ansia, specialmente quando si sente la pressione di dover elaborare o rispondere rapidamente.

Difficoltà di Concentrazione: L'overwhelm informativo può rendere difficile per le persone concentrarsi su compiti specifici o completare il lavoro in modo efficiente.

Sensazione di Essere Sopraffatti: Gli individui possono sentirsi sopraffatti e frustrati quando si trovano di fronte a una quantità eccessiva di informazioni da gestire.

Perdita di Tempo: La gestione e l'elaborazione eccessiva delle informazioni possono portare a una perdita di tempo, poiché le persone si trovano a saltare da una fonte all'altra senza scopo.

Esaurimento Mentale: Il costante sovraccarico informativo può portare a un esaurimento mentale, riducendo la capacità di pensare in modo chiaro e razionale.

Impatto sulla Qualità del Lavoro: In ambito lavorativo, l'overwhelm informativo può influenzare negativamente la qualità del lavoro e la produttività.

Isolamento Sociale: Alcune persone possono ritirarsi socialmente a causa del costante flusso di informazioni, preferendo la solitudine per evitare di sentirsi sopraffatti.

Affrontare l'overwhelm informativo richiede strategie per la gestione dell'informazione, come la pianificazione, la 'priorizzazione' delle fonti di informazione e il tempo dedicato alle attività offline. Inoltre, è importante promuovere una cultura dell'equilibrio tra lavoro e vita personale, in cui le persone possano staccare e dedicare del tempo alla rigenerazione mentale.

Affrontare le sfide tecnologiche richiede una strategia di gestione del cambiamento e il supporto dei dipendenti nella navigazione di questi sviluppi. Ecco alcune strategie per farlo:

Formazione Tecnologica: Offrire formazione e risorse per aiutare i dipendenti a sviluppare le competenze necessarie per utilizzare le nuove tecnologie in modo efficace.

Comunicazione Chiara: Comunicare in modo chiaro e tempestivo sui cambiamenti tecnologici, le politiche di sicurezza e le aspettative può ridurre l'incertezza.

Gestione del Tempo e dell'Equilibrio: Insegnare ai dipendenti tecniche di gestione del tempo e promuovere un equilibrio tra lavoro e vita personale può aiutarli a gestire meglio le sfide tecnologiche.

Supporto Psicologico: Offrire supporto psicologico per aiutare i dipendenti a gestire lo stress associato alle sfide tecnologiche.

Coinvolgimento dei Dipendenti: Coinvolgere i dipendenti nella scelta e nell'implementazione delle nuove tecnologie può farli sentire più coinvolti e meno passivi rispetto ai cambiamenti.

Gestione del Cambiamento: Implementare una strategia di gestione del cambiamento per guidare i dipendenti attraverso le transizioni tecnologiche.

Feedback e Adattamento: Raccogliere il feedback dei dipendenti sulle tecnologie e adattare le soluzioni in base alle loro esigenze può migliorare l'adozione e la soddisfazione.

Le sfide tecnologiche sono una realtà inevitabile nell'ambiente aziendale moderno. Tuttavia, affrontando queste sfide con una strategia di gestione del cambiamento ben pianificata e il supporto dei dipendenti, le aziende possono contribuire a ridurre lo stress e a facilitare un adattamento positivo alle nuove tecnologie.

Riferimenti normativi

- <u>Decreto legislativo n. 81/2008</u> [14] -ha introdotto l'obbligo di valutare i rischi stress lavoro correlato (cosiddetto Testo Unico in materia di tutela della salute e della sicurezza nei luoghi di lavoro).

- <u>Decreto legislativo n. 150/2009</u> [15] -ha attribuito agli Organismi Interni di Valutazione (OIV) il compito di condurre indagini sul benessere organizzativo (Attuazione della legge 4 marzo 2009, n. 15, in materia di ottimizzazione della produttività del lavoro pubblico e di efficienza e trasparenza delle pubbliche amministrazioni).

- <u>Decreto legislativo n. 33/2013</u> [16]- ha stabilito l'obbligo di pubblicazione dei risultati delle indagini sul benessere organizzativo (cosiddetto Testo Unico in materia di trasparenza delle pubbliche amministrazioni).

- <u>Direttiva n. 3/2017 del Presidente del Consiglio dei Ministri</u> [17]recante indirizzi per l'attuazione dei commi 1 e 2 dell'articolo 14 della legge 7 agosto 2015, n. 124, e linee guida contenenti regole inerenti all'organizzazione del lavoro finalizzate a promuovere la conciliazione dei tempi di vita e di lavoro dei dipendenti.

---

[14]https://www.normattiva.it/uri-res/N2Ls?urn:nir:stato:decreto.legislativo:2008-04-09;81!vig=

[15]https://www.normattiva.it/uri-res/N2Ls?urn:nir:stato:decreto.legislativo:2008-04-09;81!vig=

[16]https://www.normattiva.it/uri-res/N2Ls?urn:nir:stato:decreto.legislativo:2013-03-14;33

[17]https://www.funzionepubblica.gov.it/articolo/dipartimento/01-06-2017/direttiva-n-3-del-2017-materia-di-lavoro-agile

Stressato, a chi?

"*Sei stressato*"! Un'affermazione che suona come un insulto, una colpa che viene attribuita, un epiteto ingiurioso rivolto a chi è in difficoltà. Le persone stressate sono irritabili, aggressive e diffidenti, si chiudono in sé stesse e non sono più in grado di comunicare correttamente. A questo si aggiungono comportamenti autodistruttivi: si saltano le pause, si trangugia cibo malsano e si consuma troppo alcol.

Sulle cause dello stress sul posto di lavoro ci siamo dilungati nel capitolo precedente, di seguito proviamo a inquadrare il fenomeno dal punto di vista dei comportamenti e dal punto di vista dei soggetti che sono interessati a questa condizione, a volte lieve, talvolta patologica.

Prima di tutto, quindi, è necessario inquadrare il fenomeno: di cosa stiamo parlando quando utilizziamo il termine stress? "*Esporre un materiale a delle forti pressioni fino a deformarlo: gli scienziati hanno inventato un termine appropriato per descrivere questo fenomeno: Stress, dall'inglese sollecitazione, sforzo, resistenza o tensione. Nel 1930 il biochimico e ricercatore Hans Selye, il primo a usare la parola stress in riferimento all'uomo, ha dimostrato per la prima volta che una pressione elevata può avere gravi ripercussioni anche sulle persone*".

Stiamo, quindi parlando di 'gravi ripercussioni' non di blanda stanchezza, demoralizzazione o moderato disagio.

A lungo termine lo stress può scatenare patologie gravi come disturbi cardiovascolari, aritmie cardiache, infarti, diabete, ulcere gastriche, depressione o ansia. In base a studi recenti, il cortisolo, ossia l'ormone dello stress, è particolarmente pericoloso[18].

---

[18] Il cortisolo, un ormone prodotto dal surrene su impulso del cervello, è l'ormone simbolo dello stress: nei momenti di maggior tensione determina l'aumento di glicemia e grassi nel sangue, mettendo a disposizione l'energia di cui il corpo ha bisogno. Insieme al cortisolo vengono liberate adrenalina e noradrenalina (catecolamine); la combinazione di

Beate Schulze[19]: «*Se nell'organismo ne rimane troppo, questo ormone può anche causare malattie croniche e persino il cancro.*» Sentirsi fisicamente e mentalmente esausti - questo può essere un segnale di burnout[20]. Questa sindrome[21] colpisce soprattutto persone perennemente

---

questi tre elementi aumenta la pressione sanguigna per migliorare le prestazioni fisiche e la prontezza.

Passata la situazione di stress l'organismo torna in equilibrio (diminuiscono tono muscolare, respiro frequenza cardiaca e pressione sanguigna) e il corpo si rilassa. Questa fase è essenziale: senza di essa si verificano le condizioni per l'esaurimento. (Fonte: Istituto Auxologico, Fondazione no profit riconosciuta come IRCCS - Istituto di Ricovero e Cura a Carattere Scientifico. Fin dalle sue origini, nel 1958, Auxologico ha come proprie esclusive finalità la ricerca scientifica e l'attività di cura e assistenza sanitaria di alta specializzazione).

[19] Beate Schulze, responsabile del programma di gestione dello stress dell'università di Zurigo.

[20] **Il burnout** è un insieme di sintomi che deriva da una condizione di stress cronico e persistente, associato alla sindrome da burn-out dipende dalla risposta individuale a una situazione professionale percepita come logorante dal punto di vista psicofisico. In tale contesto, l'individuo non dispone di risorse e strategie comportamentali o cognitive adeguate a fronteggiare questa sensazione di esaurimento fisico ed emotivo.

Pertanto, il lavoratore che ne è soggetto, arriva al punto di "non farcela più" e si sente completamente insoddisfatto e prostrato dalla routine quotidiana. Nel tempo, il burnout può condurre ad un distacco mentale dal proprio impiego, con atteggiamento di indifferenza, malevolenza e cinismo verso i destinatari dell'attività lavorativa. Il burnout non va sottovalutato, considerandone i sintomi passeggeri e poco importanti: la demoralizzazione e la negatività per il proprio contesto possono sfociare, talvolta, nella depressione e in altri disturbi più complessi da affrontare. Le strategie per superare la sindrome da burn-out sono diverse e comprendono la psicoterapia cognitivo comportamentale, la modifica delle abitudini lavorative e l'adozione di misure utili a contrastare lo stress nella quotidianità. (Fonte: My-personaltrainer - 2023)

[21] Nel maggio 2019, il burnout è riconosciuto come "sindrome" e, come tale, è elencato nell'11esima revisione dell'International Classification of Disease (ICD), il testo di riferimento globale per tutte le patologie e le condizioni di salute. L'Organizzazione Mondiale della Sanità definisce il burnout come un "fenomeno occupazionale" derivante da uno stress

impegnate e votate al lavoro. Il burnout è un processo insidioso e graduale: chi ne è colpito se ne accorge solo dopo molto tempo.

Oltre al completo esaurimento, il burnout ha due tipiche caratteristiche:

Un atteggiamento disinteressato, distaccato o addirittura cinico nei confronti del lavoro, dei clienti o dei pazienti.

La sensazione di non essere produttivi malgrado gli sforzi compiuti, e quindi perdita di fiducia nelle proprie capacità.

Per comprendere appieno chi sono i bersagli dello stress lavoro-correlato, è fondamentale avere una definizione chiara di questo tipo di stress dal punto di vista clinico. Secondo la definizione dell'INAIL (Istituto Nazionale per l'Assicurazione contro gli Infortuni sul Lavoro), lo stress lavoro-correlato si verifica quando le richieste dell'ambiente di lavoro superano la capacità del lavoratore di affrontarle o controllarle, portando a una serie di conseguenze negativamente impattanti sulla salute fisica e mentale del lavoratore.

Lo stress lavoro-correlato può manifestarsi in varie forme, tra cui ansia, depressione, affaticamento cronico, problemi di sonno, disturbi gastrointestinali e cardiovascolari. È importante sottolineare che lo stress lavoro-correlato non riguarda solo i lavoratori, ma può influenzare anche la produttività aziendale, la soddisfazione dei clienti e la reputazione dell'azienda stessa.

In questo capitolo proveremo a identificare il 'target' dello stress lavoro correlato: lavoratori, imprese grandi, piccole, private e pubbliche.

Lo stress è democratico…colpisce indifferentemente i lavoratori siano essi impiegati o dirigenti, liberi professionisti, autonomi o dipendenti.

Nel capitolo precedente abbiamo esaminato le molteplici cause e fattori che contribuiscono allo stress lavoro-correlato. In questo

---

cronico mal gestito, ma specifica che non si tratta di una malattia o di una condizione medica.

capitolo, ci concentreremo su chi sono i bersagli principali di questo tipo di stress e se esistono differenze significative tra gruppi di lavoratori, aziende di diverse dimensioni e altri fattori correlati.

I bersagli includono:

1) LAVORATORI DIPENDENTI VS. LAVORATORI AUTONOMI

Esisteranno differenze nello stress tra lavoratori dipendenti, che svolgono il proprio lavoro all'interno di un'azienda, e lavoratori autonomi o freelance, che gestiscono la propria attività? Esamineremo come la sicurezza del lavoro, le responsabilità, e la flessibilità influenzano la percezione di stress in questi due gruppi.

2) DIRIGENTI VS. LAVORATORI NON DIRIGENTI

Come si confronta lo stress tra dirigenti e lavoratori non dirigenti? Discuteremo del peso delle responsabilità, delle decisioni difficili e del bilanciamento tra vita professionale e personale che caratterizzano queste due categorie.

3) DONNE VS. UOMINI

Esiste una disparità di genere nello stress lavoro-correlato? Valuteremo come le differenze di genere, come i ruoli familiari, la discriminazione sul lavoro e le aspettative sociali, possano influenzare lo stress nelle donne e negli uomini.

4) GIOVANI VS. ANZIANI

I lavoratori più giovani e quelli più anziani affrontano lo stress in modo diverso? Esamineremo come le diverse generazioni gestiscono le pressioni sul lavoro e come le aspettative cambiano con l'età.

5) AZIENDE PICCOLE, MEDIE E GRANDI

Infine, analizzeremo se le dimensioni dell'azienda influiscono sulla percezione dello stress tra i dipendenti. Le piccole imprese hanno dinamiche diverse rispetto alle grandi aziende, e ciò potrebbe riflettersi nello stress lavoro-correlato.

In ogni sezione, esploreremo le cause specifiche dello stress per ciascun gruppo e discuteremo le strategie e le misure preventive che possono essere adottate per mitigare l'effetto dello stress. In questo modo, avremo una visione più completa dei bersagli dello stress lavoro-correlato e delle possibili soluzioni per affrontarlo in modo efficace.

1) LAVORATORI DIPENDENTI VS. LAVORATORI AUTONOMI:

Nel nostro studio sullo stress lavoro-correlato, è importante esaminare le differenze tra i lavoratori dipendenti, che lavorano all'interno di un'organizzazione, e i lavoratori autonomi, che gestiscono la propria attività o sono *freelance*. Questi due gruppi possono sperimentare lo stress in modi diversi a causa delle loro diverse condizioni lavorative.

Lavoratori Dipendenti:

I lavoratori dipendenti sono impiegati da un datore di lavoro e svolgono il loro lavoro all'interno di un'organizzazione. Alcune delle caratteristiche specifiche di questa categoria includono:

Sicurezza del Lavoro: I lavoratori dipendenti di solito godono di una maggiore sicurezza del lavoro rispetto ai lavoratori autonomi. Hanno diritto a benefici come l'assicurazione contro gli infortuni sul lavoro e la disoccupazione.

Gerarchia Organizzativa: I dipendenti operano all'interno di una struttura gerarchica e possono sperimentare stress legato alle aspettative dei loro superiori gerarchici.

Orari di Lavoro Prestabiliti: Spesso, i dipendenti devono seguire orari di lavoro prestabiliti e possono sperimentare stress legato alla pressione per rispettarli.

Comunicazione Organizzativa: Devono navigare nella comunicazione interna dell'azienda e possono sentirsi sopraffatti da email, riunioni e aspettative di risposta rapida.

Lavoratori Autonomi:

I lavoratori autonomi, al contrario, gestiscono la propria attività o sono freelance. Le loro condizioni di lavoro possono comportare diverse dinamiche:

Indipendenza: Gli autonomi godono di una maggiore indipendenza nelle decisioni lavorative e possono avere un maggiore controllo sulla propria attività.

Flessibilità: Possono godere di una maggiore flessibilità in termini di orari di lavoro, sebbene questa flessibilità possa comportare la necessità di gestire il proprio tempo in modo efficace.

Responsabilità Finanziaria: Gli autonomi sono responsabili della gestione finanziaria della propria attività, compresa la pianificazione fiscale e la ricerca di nuovi clienti.

Isolamento: La mancanza di colleghe o colleghi può portare a un senso di isolamento, che può essere fonte di stress.

Affrontare lo Stress:

Entrambi i gruppi possono sperimentare stress legato al lavoro, ma le cause possono variare notevolmente. I dipendenti possono essere stressati dalla pressione gerarchica e dai termini di consegna imposti, mentre gli autonomi possono sentirsi sopraffatti dalle responsabilità finanziarie e dalla necessità di trovare costantemente nuovi clienti.

Le strategie per affrontare lo stress dovrebbero essere adattate alle specifiche condizioni lavorative. Per i dipendenti, la comunicazione con i superiori e la gestione del tempo possono essere cruciali. Per gli autonomi, la pianificazione finanziaria e la gestione dello stress da isolamento possono essere altrettanto fondamentali.

Di seguito esamineremo ulteriori dettagli e casi specifici relativi a questi due gruppi per comprendere meglio come affrontare lo stress lavoro-correlato al fine di comprendere meglio come affrontare e mitigare lo stress in ciascuna situazione. Questo approccio ci consentirà di sviluppare strategie mirate che tengano conto delle sfide specifiche che questi gruppi affrontano.

Per i Lavoratori Dipendenti:

Comunicazione Efficace con i Superiori: I dipendenti possono spesso sperimentare stress legato alle aspettative dei loro superiori. Ecco alcune strategie per affrontare questa sfida:

Promuovere la comunicazione aperta e sincera tra dipendenti e superiori per esprimere preoccupazioni e aspettative.

Stabilire aspettative chiare e raggiungibili per i progetti e i compiti assegnati.

Gestione del Tempo: Affrontare la pressione dei tempi è cruciale per i lavoratori dipendenti. Suggerimenti per gestire il tempo includono:

Utilizzare strumenti di gestione del tempo per pianificare le attività e stabilire priorità.

Imparare a dire "no" in modo appropriato quando si è già oberati di lavoro.

Promuovere il Benessere Psicologico: La promozione del benessere psicologico può contribuire a ridurre lo stress tra i dipendenti:

Offrire programmi di supporto psicologico e consulenza aziendale.

Promuovere una cultura aziendale che valorizzi l'equilibrio tra lavoro e vita personale.

Per i Lavoratori Autonomi:

Pianificazione Finanziaria: Affrontare le responsabilità finanziarie è fondamentale per gli autonomi. Strategie per gestire lo stress finanziario includono:

Lavorare con un consulente finanziario per sviluppare una pianificazione finanziaria solida.

Creare un fondo di emergenza per affrontare periodi di incertezza finanziaria.

Gestione del Tempo e dell'Isolamento: Gli autonomi possono sentirsi isolati a causa della mancanza di colleghi. Ecco alcune strategie per affrontare questo problema:

Partecipare a reti professionali o associazioni per stabilire connessioni con altri professionisti.

Impostare orari di lavoro regolari e creare un ambiente di lavoro dedicato per ridurre l'isolamento.

Diversificazione Clienti: La ricerca continua di nuovi clienti è essenziale per gli autonomi. Suggerimenti per gestire questa sfida includono:

Utilizzare piattaforme online e social media per promuovere i servizi e raggiungere nuovi clienti.

Sviluppare relazioni a lungo termine con i clienti esistenti per garantire flussi di lavoro costanti.

Esaminando casi specifici e raccogliendo dati da interviste e ricerche, potremo fornire esempi concreti e strategie personalizzate per affrontare lo stress lavoro-correlato in ciascuna situazione. Questo approccio ci consentirà di creare un manuale completo per affrontare lo stress in modo efficace, indipendentemente dal tipo di occupazione o situazione lavorativa.

2) DIRIGENTI VS. LAVORATORI NON DIRIGENTI

Nel nostro studio sull'esperienza dello stress lavoro-correlato, un altro aspetto importante da esaminare è la differenza tra dirigenti e lavoratori non dirigenti in termini di stress e le dinamiche specifiche che possono influenzare il benessere mentale di questi due gruppi.

Dirigenti:

I dirigenti, anche noti come manager o dirigenti aziendali, occupano posizioni di leadership all'interno di un'organizzazione. Alcune delle caratteristiche specifiche di questa categoria includono:

Responsabilità Decisionali: I dirigenti sono spesso responsabili delle decisioni chiave all'interno dell'azienda, che possono comportare un alto livello di stress legato alle conseguenze delle scelte aziendali.

Gestione del Personale: Delegare compiti, gestire le risorse umane e risolvere conflitti tra i dipendenti possono essere fonti di stress aggiuntivo per i dirigenti.

Carico di Lavoro Elevato: I dirigenti possono sperimentare un carico di lavoro intenso, spesso dovuto a riunioni, comunicazioni e responsabilità multiple.

Pressione da Risultati Aziendali: I dirigenti sono spesso misurati dai risultati aziendali, il che può creare pressione per raggiungere obiettivi finanziari e di performance.

Lavoratori Non Dirigenti:

I lavoratori non dirigenti, invece, sono solitamente impegnati in ruoli che non implicano responsabilità decisionali di alto livello. Le loro condizioni lavorative possono includere:

Esecuzione di Compiti Specifici: I lavoratori non dirigenti sono spesso incaricati di eseguire compiti specifici all'interno dell'azienda, senza prendere decisioni strategiche.

Gerarchia Organizzativa: Operano all'interno di una struttura gerarchica, seguendo le direttive e le aspettative dei loro superiori.

Orari di Lavoro Standard: Di solito, seguono orari di lavoro standard e hanno meno flessibilità nell'organizzare il proprio tempo di lavoro.

Obiettivi Individuali o di Gruppo: I loro obiettivi sono spesso legati a compiti specifici o a obiettivi di gruppo, e possono variare da quelli dei dirigenti.

Affrontare lo Stress:

Entrambi i gruppi possono sperimentare lo stress legato al lavoro, ma le cause e le dinamiche possono variare significativamente. I dirigenti possono essere stressati dalle decisioni critiche e dalla pressione per il successo aziendale, mentre i lavoratori non dirigenti possono essere stressati dalla gestione delle aspettative e dalla quantità di compiti assegnati.

Per affrontare lo stress lavoro correlato, da parte dei dirigenti *in primis*, è fondamentale individuare le fonti dello stress e avere consapevolezza di esserne soggetti. Sicuramente l'analisi dei test proposti da Teseo[22] è un primo passo per circoscrivere l'area, a questi deve far seguito una serie di assessment mirati e di colloqui con gli psicologi che possono identificare per ciascun soggetto le criticità e aiutare nella soluzione.

Fatta salva questa premessa va detto che esistono strategie specifiche per affrontare lo stress da parte dei dirigenti. Queste possono aiutare a gestire le sfide peculiari legate alle loro posizioni di leadership e responsabilità decisionali elevate. Ecco alcune strategie efficaci:

Consulenza e Coaching: L'accompagnamento da parte di un consulente o di un coach professionale può essere estremamente utile per i dirigenti. Questo offre uno spazio sicuro per esplorare le sfide professionali e sviluppare competenze di gestione dello stress.

Gestione del Tempo: Imparare a gestire il tempo in modo efficace è cruciale per i dirigenti. L'uso di tecniche di pianificazione, come la matrice di Eisenhower[23] o il metodo Pomodoro[24], può aiutare a organizzare il lavoro in modo più efficiente.

---

[22] **Teseo-Studio** è una società di psicologia sociale e clinica che ha predisposto una serie di test utili per rilevare le aree di stress lavoro correlato. Una volta individuate le aree aziendali è possibile effettuare degli assessment di carotaggio per circoscrivere meglio e con maggior efficacia reparti, ruoli, persone interessate dalla patologia.

[23] La matrice di Eisenhower è uno strumento di gestione delle attività che ti aiuta a distinguere tra quelle urgenti e quelle importanti, consentendoti di gestire in maniera efficiente il flusso di lavoro.

[24] Nonostante il nome un buffo, la tecnica del Pomodoro, o The Pomodoro Technique, è una soluzione molto efficace per gestire il tempo. Inventata negli anni '80 da Francesco Cirillo, uno sviluppatore di software, deve il suo nome ad un timer a forma di pomodoro utilizzato dal creatore, e sul quale si basa l'intera tecnica.

Delega Efficace: Imparare a delegare compiti e responsabilità in modo efficace è fondamentale. I dirigenti dovrebbero fidarsi dei membri del loro team e assegnare loro compiti appropriati per ridurre il proprio carico di lavoro.

Bilancio tra Lavoro e Vita Personale: Promuovere un equilibrio sano tra lavoro e vita personale è fondamentale per ridurre lo stress. I dirigenti dovrebbero stabilire limiti chiari per il tempo dedicato al lavoro e prendersi il tempo necessario per il riposo e il relax.

Comunicazione Aperta: Promuovere una cultura aziendale di comunicazione aperta e trasparente può aiutare i dirigenti a condividere preoccupazioni e ricevere feedback da parte del loro team. Questo può contribuire a ridurre la sensazione di isolamento e di pressione.

Stili di Leadership Adattabili: I dirigenti dovrebbero adottare stili di leadership adattabili alle diverse situazioni. Ciò include essere in grado di essere assertivi quando necessario e di essere empatici con i membri del team.

Prevenzione dello Stress: Prevenire lo stress è altrettanto importante della gestione dello stress. I dirigenti dovrebbero adottare misure preventive, come la promozione di un ambiente di lavoro sano e la creazione di politiche aziendali che riducano le fonti di stress.

Formazione sulla Gestione dello Stress: Offrire ai dirigenti formazione sulla gestione dello stress può essere molto benefico.

In pratica, la Tecnica del Pomodoro si basa su un concetto molto semplice: durante i minuti dedicati al lavoro, scanditi dal timer, devi fare esclusivamente quell'operazione, senza distrarti per guardare il cellulare oppure controllare le e-mail. Devi solo studiare, o lavorare.
Lo schema della Tecnica del Pomodoro è molto semplice ed immediato:
Stabilisci i compiti da svolgere durante la giornata;
Lavora per 25 minuti senza distrazioni;
Quando il timer segna la fine dei 25 minuti fermati;
Fai una pausa di 5 minuti;
Ricomincia a lavorare per altri 25 minuti.
Ogni 4 sessioni (ovvero ogni due ore) prenditi una pausa di 15/30 minuti
(Fonte: UNICUSANO)

Questa formazione può includere tecniche di rilassamento, mindfulness o altre pratiche che aiutano a gestire lo stress.

Supporto tra Pari: I dirigenti possono beneficiare del supporto tra pari, cioè condividere le sfide e le esperienze con altri dirigenti. Questi gruppi di supporto possono offrire consigli preziosi e una prospettiva condivisa.

Valutazione Regolare delle Priorità: I dirigenti dovrebbero valutare regolarmente le proprie priorità e concentrarsi sulle attività che hanno il maggiore impatto aziendale. Questo aiuta a evitare di essere sopraffatti da una serie di compiti meno importanti.

Le strategie per affrontare lo stress dei dirigenti dovrebbero essere personalizzate in base alle esigenze individuali e alle sfide specifiche che affrontano. Inoltre, promuovere una cultura aziendale che valorizzi il benessere e fornisca supporto ai dirigenti nella gestione dello stress può avere un impatto significativo sulla salute mentale e sul rendimento aziendale.

Lo stesso accade per i Non Dirigenti. Fatta salva la premessa più sopra enunciata: che è di fondamentale importanza 'rilevare' lo stress e capire da dove proviene (utilizzando tatticamente i test appositamente studiati da Teseo) proviamo ora a esaminare alcune strategie efficaci:

Comunicazione Efficace: Mantenere una comunicazione aperta con i superiori e i colleghi è fondamentale. Chiedere chiarimenti, esprimere preoccupazioni e condividere idee può contribuire a ridurre la sensazione di isolamento e a migliorare la gestione dello stress.

Gestione del Carico di Lavoro: Imparare a gestire il carico di lavoro in modo efficace è cruciale per i lavoratori non dirigenti. Utilizzare strumenti di gestione del tempo, come liste delle attività, può aiutare a organizzare il lavoro in modo più efficiente.

Supporto tra Colleghi: Creare una rete di supporto tra colleghi può essere molto utile. Condividere esperienze simili e discutere le sfide comuni può contribuire a trovare soluzioni insieme.

Bilancio tra Lavoro e Vita Personale: Promuovere un equilibrio sano tra lavoro e vita personale è fondamentale. Imparare a staccare dal lavoro quando si è fuori dallo studio può ridurre lo stress e migliorare il benessere complessivo.

Formazione sulla Gestione dello Stress: Offrire ai lavoratori non dirigenti formazione sulla gestione dello stress può essere benefico. Questa formazione può includere tecniche di rilassamento, respirazione profonda o mindfulness[25].

Prevenzione dello Stress: Prevenire lo stress è altrettanto importante quanto la gestione dello stress. Ciò può includere la promozione di politiche aziendali che riducano le fonti di stress e la creazione di un ambiente di lavoro sano.

Apprendimento Continuo: Investire nell'apprendimento continuo e nello sviluppo delle competenze può aumentare la fiducia dei lavoratori non dirigenti nelle loro capacità e ridurre lo stress legato alle prestazioni.

Supporto Familiare: Rendere consapevoli i membri della famiglia delle sfide sul lavoro può aiutare a ottenere il loro sostegno. Una rete di supporto familiare può essere un grande alleato nella gestione dello stress.

Gestione delle Aspettative: Imparare a gestire le aspettative dei superiori e dei colleghi può ridurre la pressione per risultati straordinari. Comunicare in modo aperto riguardo alle scadenze realistiche è fondamentale.

---

[25] Per mindfulness s'intende il raggiungimento della consapevolezza di sé e della realtà nel momento presente e in maniera non giudicante. Tale consapevolezza può essere raggiunta mediante la messa in pratica di particolari tecniche di meditazione derivanti da quelle impiegate nel buddhismo. (My Personal trainer)

<u>Pausa Attiva</u>: Fare pause brevi durante la giornata lavorativa per rilassarsi e rigenerarsi può contribuire a mantenere la concentrazione e a ridurre la tensione accumulata.

<u>Partecipazione a Programmi Aziendali</u>: Se l'azienda offre programmi di benessere aziendale, come programmi di fitness o di supporto psicologico, parteciparvi può essere molto utile.

<u>Riconoscimento e Gratificazione</u>: Sentirsi riconosciuti e apprezzati per il proprio lavoro può contribuire a ridurre lo stress. Le azioni di gratificazione da parte dei superiori possono avere un impatto positivo sulla motivazione.

Le strategie per affrontare lo stress dei lavoratori non dirigenti dovrebbero essere adattate alle loro specifiche esigenze e alle sfide che affrontano nella loro posizione, per questo è importante per l'azienda avvalersi della consulenza di esperti (esterni o interni nelle imprese più strutturate) che possano identificare le fonti di stress e aiutare i lavoratori a superarle con tecniche specifiche e mirate.

3) DONNE VS. UOMINI
Le dinamiche di genere possono influenzare notevolmente la gestione dello stress e il benessere mentale.

Donne:
Le donne possono affrontare sfide specifiche legate al lavoro che possono contribuire allo stress. Alcuni dei fattori da considerare includono:

<u>Disparità Salariale di Genere</u>: In molte aziende private, le donne guadagnano meno degli uomini per lo stesso lavoro o posizioni simili, il che può essere fonte di stress finanziario e mortificazione.

<u>Carichi di Lavoro Doppi</u>: Le donne spesso affrontano il cosiddetto "doppio turno", gestendo sia le responsabilità lavorative che quelle familiari, come la cura dei figli, delle faccende domestiche e il sostegno

agli anziani della famiglia. La carenza di uno 'stato sociale'[26] (strutturale mancanza di asili nido, assistenza domiciliare agli anziani…) crea enorme stress alle lavoratrici e crea, inoltre, un danno difficilmente quantificabile alla già scarsa produttività italiana confrontata con quella di altri partner europei.

Stereotipi di Genere: Gli stereotipi di genere possono influenzare la percezione delle donne sul posto di lavoro, causando stress legato alle aspettative sociali e alle sfide nella scalata della carriera.

Gestione del Conflitto: Le donne possono sperimentare stress legato alla gestione del conflitto e alla comunicazione interpersonale, soprattutto in contesti lavorativi dominati dagli uomini.

Per ultimo, non possiamo far finta di nulla, esiste, e non solo nel nostro Paese, un gap culturale che ha portato ad esempio a fenomeni come quelli del movimento "me too"[27] negli Stati Uniti e nel resto del mondo, che ha contribuito a far emergere il fenomeno delle molestie sessuali[28], reato vero e proprio che ha come bersaglio prevalentemente il pubblico femminile.

Uomini:
Anche gli uomini possono sperimentare stress legato al lavoro in modi specifici. Alcune delle considerazioni includono:

---

[26] Lo Stato sociale è una caratteristica dello Stato che si fonda sul principio di uguaglianza sostanziale, da cui deriva la finalità di ridurre le disuguaglianze sociali. In senso ampio, per Stato sociale si indica anche il sistema normativo con il quale lo Stato traduce in atti concreti tale finalità; in questa accezione si parla di welfare state.

[27] Il movimento Me Too nasce negli Stati Uniti nel 2006, quando l'attivista Tarana Burke fonda un'omonima organizzazione no profit per aiutare le vittime di abusi e molestie sessuali.

[28] Il reato di molestie ex art. 660 c.p. "Chiunque, in un luogo pubblico o aperto al pubblico, ovvero col mezzo del telefono, per petulanza o per altro biasimevole motivo, reca a taluno molestia o disturbo è punito con l'arresto fino a sei mesi o con l'ammenda fino a euro 516."

<u>Pressione per il Sostegno Familiare</u>: Gli uomini possono sperimentare la pressione per sostenere finanziariamente la famiglia, il che può comportare un carico di lavoro eccessivo.

<u>Conciliazione tra Lavoro e Famiglia</u>: Gli uomini possono affrontare sfide nella conciliazione tra lavoro e famiglia, specialmente se cercano di essere presenti nella vita dei figli e nella cura familiare.

<u>Conformità ai Ruoli di Genere</u>: Gli stereotipi di genere possono influenzare anche gli uomini, costringendoli a conformarsi a certi ruoli o aspettative lavorative.

<u>Isolamento Sociale</u>: Gli uomini possono sperimentare un senso di isolamento sociale se si sentono incapaci di esprimere apertamente le proprie preoccupazioni o emozioni sul posto di lavoro.

Le strategie per affrontare lo stress dovrebbero tenere conto delle sfide specifiche legate al genere. Queste strategie possono includere:

Promuovere l'Uguaglianza di Genere: Le aziende possono lavorare per promuovere l'uguaglianza di genere, eliminando le disparità salariali e promuovendo una cultura aziendale inclusiva.

Offrire Flessibilità Lavorativa: Fornire flessibilità lavorativa può aiutare sia le donne che gli uomini a gestire meglio il bilancio tra lavoro e vita familiare.

Formazione sulla Gestione dello Stress: Offrire formazione sulla gestione dello stress può essere benefico per entrambi i generi, aiutando i dipendenti a sviluppare competenze per affrontare le sfide lavorative.

Programmi di Supporto Familiare: Offrire programmi di supporto familiare, come assistenza all'infanzia o congedi parentali retribuiti, può alleviare il carico delle responsabilità familiari.

Promuovere la Comunicazione: Creare un ambiente in cui sia accettato parlare apertamente delle sfide legate al genere e alla carriera può aiutare a ridurre lo stress legato agli stereotipi di genere.

Esaminando le differenze di genere nello stress lavoro-correlato e adottando strategie mirate, le aziende possono contribuire a creare un ambiente di lavoro più equo e sano per tutti i dipendenti, indipendentemente dal genere.

4) GIOVANI VS. ANZIANI

Un'ulteriore distinzione importante riguardo all'esperienza dello stress lavoro-correlato è quella tra i giovani e gli anziani nel mondo del lavoro. Le diverse generazioni possono affrontare sfide e dinamiche di stress uniche dovute a differenze nelle aspettative, nelle competenze e nelle prospettive.

Giovani:

I giovani lavoratori possono affrontare sfide specifiche nel loro percorso professionale. Alcuni dei fattori da considerare includono:

Aspettative Elevate: I giovani possono sperimentare pressioni legate alle aspettative elevate in termini di prestazioni e avanzamento di carriera, specialmente all'inizio della loro carriera.

Precarietà Lavorativa: Molti giovani lavoratori si trovano in posizioni lavorative precarie, come lavori a progetto o contratti a termine, il che può comportare incertezza finanziaria.

Adattamento Tecnologico: I giovani sono spesso considerati più adattabili alle nuove tecnologie, ma questo può comportare una pressione costante per rimanere aggiornati e competenti.

Equilibrio tra Lavoro e Vita Personale: Mantenere un equilibrio sano tra lavoro e vita personale può essere una sfida per i giovani che cercano di dimostrare il loro valore aziendale.

Anziani:

Gli anziani, d'altra parte, possono affrontare sfide uniche legate alla loro posizione nel mercato del lavoro. Alcune considerazioni includono:

Etàismo: Gli anziani possono essere soggetti a discriminazione legata all'età sul lavoro, con aspettative di minori capacità o produttività.

Riqualificazione: Gli anziani possono sperimentare la necessità di riqualificarsi o di adattarsi a nuove tecnologie e modelli di lavoro, il che può comportare una curva di apprendimento ripida.

Pianificazione della Pensione: Gli anziani possono affrontare lo stress legato alla pianificazione della pensione e alla decisione di quando e come ritirarsi.

Successione e Trasferimento di Competenze: Le aziende possono affrontare sfide nella successione e nel trasferimento di competenze dai lavoratori anziani ai più giovani.

Le strategie per affrontare lo stress dovrebbero essere adattate alle diverse generazioni. Alcune possibili strategie includono:

Mentoring Inter-Generazionale: Creare opportunità per il mentoring tra giovani e anziani può favorire lo scambio di competenze e l'apprendimento reciproco.

Programmi di Sviluppo Professionale: Offrire programmi di sviluppo professionale che tengano conto delle esigenze e delle prospettive di entrambe le generazioni può essere benefico.

Pianificazione della Successione: Le aziende possono sviluppare piani di successione che facilitino il passaggio di conoscenze e responsabilità dai lavoratori anziani ai giovani.

Formazione Continua: Garantire che i lavoratori di tutte le età abbiano accesso a programmi di formazione continua per sviluppare competenze attuali.

Promozione dell'Equilibrio tra Generazioni: Creare un ambiente di lavoro che promuova il rispetto reciproco e la collaborazione tra le generazioni può migliorare la coesione e la cultura aziendale.

Considerando le differenze tra giovani e anziani sul posto di lavoro e adottando strategie che tengano conto delle sfide e delle esigenze di entrambe le generazioni, le aziende possono creare un ambiente di lavoro più inclusivo e favorire la gestione efficace dello stress.

Concludiamo questa carrellata di cause e fattori che contribuiscono allo stress lavoro correlato, suddivise per categorie e generi, con una riflessione sulle imprese, la loro dimensione, complessità e tipologia.

Nel contesto delle dimensioni aziendali, le differenze tra aziende piccole, medie e grandi possono avere un impatto significativo sull'esperienza dello stress lavoro-correlato. Ogni dimensione aziendale presenta sfide e dinamiche uniche. Ecco un'analisi di queste differenze con alcuni esempi:

5) AZIENDE DI PICCOLE DIMENSIONI (3- 9 ADDETTI):
Le aziende 'piccole', le PMI, rappresentano la maggioranza delle imprese italiane. La stragrande maggioranza delle attività nel nostro Paese è da considerarsi 'micro', a fronte del 79,5 % di microimprese (3-9 addetti), del 18,2% delle imprese di piccole dimensioni (10-49 addetti), ci sono solamente il 2,3% di imprese medie (50-249 addetti) e grandi (oltre 250 addetti).[29]Al numero limitato di dipendenti corrispondono, spesso, risorse limitate. Le sfide specifiche possono includere:
Carichi di Lavoro Elevati: In un'azienda piccola, i dipendenti potrebbero dover gestire molte responsabilità diverse. Ad esempio, in una piccola impresa familiare, un dipendente potrebbe essere responsabile delle vendite, del servizio clienti e della gestione delle finanze.
Ambiente Intimo: In aziende piccole, le relazioni tra i dipendenti tendono a essere più intime, il che può comportare sfide nella gestione dei conflitti o delle dinamiche interpersonali.

---

[29] Fonte dati ISTAT 2020

Sicurezza del Lavoro: In alcune aziende piccole, la sicurezza del lavoro potrebbe essere meno garantita rispetto a grandi corporation, aumentando lo stress legato all'incertezza occupazionale.

Flessibilità: Le aziende piccole possono offrire maggiore flessibilità nella gestione delle responsabilità, ma questo può anche significare che i dipendenti si sentono costantemente "al lavoro" a causa dell'accessibilità continua.

Esempio: In una piccola impresa di famiglia, un dipendente potrebbe sentirsi sopraffatto dalla pressione di dover gestire tutte le operazioni aziendali da solo o con un team molto limitato.

Aziende Medie:

Le aziende di medie dimensioni possono offrire un equilibrio tra risorse limitate e struttura organizzativa più definita. Le sfide possono includere:

Concorrenza Interna: In aziende medie, potrebbe esserci una maggiore competizione interna per avanzamenti di carriera o riconoscimenti.

Processi di Lavoro Strutturati: Le aziende di medie dimensioni tendono ad avere processi di lavoro più strutturati, il che può comportare una pressione per la conformità e la produttività.

Burocrazia: L'aumento della dimensione dell'azienda può portare a una maggiore burocrazia e a una maggiore complessità nella gestione delle responsabilità.

Gestione delle Risorse Umane: Le aziende medie possono affrontare sfide nella gestione delle risorse umane, come la formazione, la valutazione delle prestazioni e la rettifica dei conflitti tra dipendenti.

Esempio: In un'azienda di medie dimensioni, un dipendente potrebbe sentirsi sotto pressione per rispettare scadenze rigorose e conformarsi a politiche aziendali standardizzate.

Aziende Grandi:

Le aziende grandi offrono spesso ampie risorse e opportunità di carriera ma possono presentare sfide specifiche:

Gerarchia Organizzativa Complessa: In aziende grandi, la gerarchia organizzativa può essere complessa, il che può comportare una maggiore difficoltà nella comunicazione e nella presa di decisioni.
Specializzazione: Le aziende grandi possono richiedere una maggiore specializzazione dei dipendenti, il che può aumentare la pressione per rimanere aggiornati sulle competenze richieste.
Concorrenza per le Opportunità: Gli avanzamenti di carriera possono essere altamente competitivi in grandi aziende, con numerosi dipendenti che cercano di raggiungere posizioni di leadership.
Cultura Aziendale Diversificata: In grandi aziende, la cultura aziendale può variare notevolmente tra divisioni o filiali, il che può portare a una sensazione di estraneità tra i dipendenti.

Esempio: In un'azienda multinazionale, un dipendente potrebbe sentirsi sopraffatto dalla complessità delle procedure aziendali e dalla necessità di adattarsi a diverse culture aziendali in diverse regioni e Paesi.

Affrontare lo stress in aziende di diverse dimensioni richiede strategie specifiche. Ad esempio, in un'azienda piccola, la flessibilità e la comunicazione aperta possono essere fondamentali, mentre in un'azienda grande, la specializzazione e il networking interno possono essere prioritari. Le aziende dovrebbero considerare le esigenze dei loro dipendenti in base alle dimensioni dell'azienda e sviluppare politiche e programmi che tengano conto di queste differenze.

Gli strumenti per rilevare lo stress

Lo stress che colpisce il lavoratore colpisce nello stesso tempo l'impresa che, inevitabilmente, subisce delle ripercussioni negative sulla produttività e sul lavoro della squadra dove il dipendente opera.

Spesso è il reparto stesso a essere penalizzato in quanto lo stress, la tensione, il logorio sono 'contagiosi'.

Quando il dipendente stressato non viene isolato o, peggio, emarginato – con un peggioramento della condizione – è il team stesso a essere influenzato o, quantomeno, indebolito dalla mancanza di uno o più elementi che non aiutano e non 'remano' tutti dalla stessa parte.

È importante rilevare in tempo lo SLC perché non si trasformi in burnout[30]. Se lo stress lavoro correlato è *"una condizione che può essere accompagnata da disturbi o disfunzioni di natura fisica, psicologica e sociale"*[31], il burnout è una sindrome che non va sottovalutata, considerandone i sintomi passeggeri e poco importanti: la demoralizzazione e la negatività per il proprio contesto possono sfociare, talvolta, nella depressione e in altri disturbi più complessi da affrontare.

Le strategie per superare la sindrome da burn-out sono diverse e comprendono la psicoterapia cognitivo comportamentale, la modifica delle abitudini lavorative e l'adozione di misure utili a contrastare lo stress nella quotidianità.

---

[30] Nel maggio 2019, il burnout è riconosciuto come "sindrome" e, come tale, è elencato nell'11esima revisione dell'*International Classification of Disease* (ICD), il testo di riferimento globale per tutte le patologie e le condizioni di salute. L'Organizzazione Mondiale della Sanità definisce il burnout come un "fenomeno occupazionale" derivante da uno stress cronico mal gestito, ma specifica che non si tratta di una malattia o di una condizione medica.

[31] Definizione dell'INAIL

Abbiamo più sopra avuto modo spiegare quanto è importante circoscrivere e 'curare' lo stress del singolo dipendente ma, prima di tutto bisogna identificarlo o, quantomeno, identificare l'ambito, il reparto, il team che è soggetto a questo fenomeno.

INAIL ha messo a punto una serie di test utili a rilevare lo stress lavoro correlato.

I test INAIL sono una buona base di partenza per le imprese che vogliono riflettere sullo 'stato di salute' dell'azienda, relativamente alla salute mentale e al benessere dei dipendenti e quindi contemporaneamente al benessere dell'impresa.

I test dell'INAIL sono strumenti di valutazione progettati per misurare lo stress lavoro-correlato nei dipendenti. I test servono a rilevare situazioni di stress sul posto di lavoro, i loro effetti sulla salute dei lavoratori e le possibili cause. Questi test possono includere questionari, interviste o altri metodi di raccolta di dati. Ecco alcuni aspetti chiave:

Scopo: I test dell'INAIL sono sviluppati con l'obiettivo di valutare lo stress lavoro-correlato al fine di prevenirlo, intervenire precocemente o migliorare le condizioni di lavoro.

Domande Specifiche: I test contengono domande specifiche per valutare aspetti come il carico di lavoro, le relazioni interpersonali, l'equilibrio tra lavoro e vita personale e altri fattori rilevanti.

Limiti: I test dell'INAIL possono offrire una valutazione utile, ma possono avere alcuni limiti. Ad esempio, potrebbero non catturare pienamente la complessità delle dinamiche aziendali o non individuare situazioni di stress più sottili.

Monitoraggio Periodico: In genere, i test dell'INAIL vengono utilizzati in un contesto di monitoraggio periodico per identificare

78

eventuali tendenze di stress e per valutare l'efficacia delle misure di prevenzione.

I test dell'INAIL possono essere una risorsa preziosa per le aziende nella valutazione dello stress lavoro-correlato, ma è importante riconoscere i loro limiti:

Soggettività: Le risposte dei dipendenti ai questionari possono essere influenzate dalla loro percezione soggettiva dello stress, che può variare da persona a persona.

Superficialità: Alcuni test possono affrontare solo superficialmente le sfide specifiche dell'azienda o non riescono a catturare completamente la complessità delle situazioni di stress.

Stigmatizzazione: Alcuni dipendenti potrebbero essere riluttanti a rivelare il loro stress attraverso un test per paura di essere stigmatizzati o di subire ritorsioni.

Limitazioni nell'Intervista: Anche le interviste, se non gestite in modo appropriato, possono avere limiti dovuti alla mancanza di obiettività o a influenze potenzialmente biasimate.

Oltre ai test dell'INAIL, esistono anche altri strumenti di valutazione che le aziende possono considerare:

Questionari Personalizzati:

I questionari personalizzati rappresentano uno strumento flessibile e adattabile che le aziende possono sviluppare internamente o in collaborazione con consulenti esterni per valutare lo stress lavoro-correlato (SLC) in base alle specifiche sfide e dinamiche della loro organizzazione. Ecco come possono essere utilizzati e personalizzati:

Identificazione dei Fattori di Stress Specifici: Le aziende possono utilizzare questionari personalizzati per rilevare i fattori di stress specifici che influenzano i loro dipendenti. Questi fattori possono essere legati al settore, alla cultura aziendale, alle dinamiche di squadra o ad altre variabili uniche.

Adattamento alle Esigenze Aziendali: La personalizzazione dei questionari consente alle aziende di concentrarsi su aspetti specifici che ritengono essere più rilevanti per la loro situazione. Ad esempio, un'azienda che gestisce un team di vendita potrebbe concentrarsi sulla pressione delle vendite, mentre un'azienda del settore tecnologico potrebbe esaminare il carico di lavoro legato ai progetti.

Valutazione Periodica: I questionari personalizzati possono essere utilizzati per condurre valutazioni periodiche del benessere dei dipendenti e per monitorare i cambiamenti nel tempo. Questo consente all'azienda di adattare le strategie di gestione dello SLC in modo continuo.

Raccolta di Feedback Diretto: I questionari personalizzati offrono un mezzo per raccogliere feedback diretto dai dipendenti sulle loro esperienze di lavoro e sul livello di stress percepito. Questo feedback può essere prezioso per la pianificazione delle azioni correttive.

Creazione di Benchmark: Le aziende possono utilizzare i dati raccolti attraverso questionari personalizzati per creare benchmark interni e identificare le aree in cui sono necessari miglioramenti. Questo può aiutare a stabilire obiettivi e misurare il progresso nel tempo.

Sensibilizzazione e Coinvolgimento: La partecipazione dei dipendenti alla compilazione dei questionari personalizzati può aumentare la loro consapevolezza sullo SLC e coinvolgerli nel processo di gestione. Questo può contribuire a creare un clima di fiducia e apertura.

Interventi Mirati: I dati dai questionari personalizzati possono informare gli interventi mirati per affrontare specifiche sfide legate allo SLC. Ad esempio, se emerge che molti dipendenti sono stressati a causa di un carico di lavoro eccessivo, l'azienda può implementare strategie per ridurre il carico.

Per massimizzare l'efficacia dei questionari personalizzati, è importante che siano sviluppati con attenzione e che la privacy dei dipendenti sia preservata. Inoltre, è importante prendere in considerazione le risposte e attuare le azioni correttive necessarie per affrontare le problematiche emerse durante la valutazione.

Valutazioni Multidimensionali: Alcuni strumenti utilizzano una valutazione multidimensionale per esaminare non solo il livello di stress, ma anche altri fattori come la soddisfazione professionale, il benessere emotivo e la motivazione.
Le valutazioni multidimensionali sono uno strumento efficace per ottenere una visione completa della salute mentale e del benessere dei dipendenti all'interno di un'organizzazione. Ecco come funzionano e quali benefici offrono:

Misurazione Olistica del Benessere: Le valutazioni multidimensionali esaminano diverse aree del benessere dei dipendenti, tra cui il livello di stress, la soddisfazione professionale, la motivazione, il coinvolgimento e l'equilibrio tra lavoro e vita personale. Questo approccio olistico consente di identificare i punti di forza e le aree di miglioramento.

Identificazione di Collegamenti: Le valutazioni multidimensionali possono aiutare a identificare collegamenti e interazioni tra diverse dimensioni del benessere. Ad esempio, possono rivelare se il livello di stress influisce sulla soddisfazione professionale o sulla motivazione dei dipendenti.

Pianificazione Strategica: I risultati di queste valutazioni possono informare la pianificazione strategica delle risorse umane. Ad esempio, se emerge che molti dipendenti sono insoddisfatti della loro carriera, l'azienda può sviluppare, dove possibile, programmi di sviluppo professionale mirati.

Prevenzione e Intervento: Le valutazioni multidimensionali possono essere utilizzate per la prevenzione dello stress e delle problematiche legate alla salute mentale. Identificando precocemente i segnali di disagio, le aziende possono intervenire prima che i problemi diventino gravi.

Monitoraggio nel Tempo: Le valutazioni multidimensionali possono essere condotte periodicamente per monitorare il benessere dei dipendenti nel tempo. Questo permette di valutare l'efficacia delle azioni correttive e apportare modifiche quando necessario.

Coinvolgimento dei Dipendenti: Coinvolgere i dipendenti nella compilazione di valutazioni multidimensionali può essere un modo per aumentare la loro consapevolezza sul proprio benessere e coinvolgerli attivamente nella gestione dello stress e del benessere.

Personalizzazione delle Strategie: I risultati delle valutazioni multidimensionali consentono di personalizzare le strategie di gestione del personale in base alle esigenze specifiche dei dipendenti. Ad esempio, alcuni dipendenti potrebbero avere bisogno di supporto per migliorare l'equilibrio tra lavoro e vita personale, mentre altri potrebbero necessitare di programmi di gestione dello stress.

In sintesi, le valutazioni multidimensionali rappresentano un approccio completo e informativo per la gestione dello stress lavoro-correlato e del benessere dei dipendenti. Questi strumenti forniscono una visione più completa delle dinamiche organizzative e aiutano le aziende a prendere decisioni informate per migliorare la salute mentale e il rendimento dei propri dipendenti.

Valutazione dei Rischi Psicosociali: Le aziende possono condurre rilevazioni dei rischi psicosociali per identificare e mitigare le fonti di stress legate al lavoro.

La valutazione dei rischi psicosociali è una pratica importante per le aziende che desiderano identificare e mitigare le fonti di stress lavoro-correlato (SLC) e promuovere un ambiente di lavoro sano e produttivo. Ecco quali benefici offre:

Identificazione delle Fonti di Stress: La valutazione dei rischi psicosociali mira a individuare le situazioni e le condizioni di lavoro che possono contribuire allo SLC. Queste fonti di stress possono includere carichi di lavoro eccessivi, pressione per le prestazioni, mancanza di supporto sociale, scarso equilibrio tra lavoro e vita personale, conflitti organizzativi e altro ancora.

Metodologia Strutturata: Le valutazioni dei rischi psicosociali utilizzano spesso metodologie strutturate che coinvolgono la raccolta di dati quantitativi e qualitativi. Ciò può includere questionari, interviste, osservazioni sul posto di lavoro e analisi dei dati aziendali.

Coinvolgimento dei Dipendenti: Coinvolgere i dipendenti nel processo di valutazione è un elemento chiave. I dipendenti possono fornire informazioni preziose sulla loro esperienza e sulle sfide che affrontano sul posto di lavoro.

Identificazione dei Gruppi a Rischio: La valutazione può aiutare a identificare i gruppi di dipendenti più vulnerabili allo SLC. Ad esempio, potrebbe emergere che i dipendenti in determinate posizioni o reparti sono più esposti al rischio di stress.

Pianificazione delle Azioni Correttive: Sulla base dei risultati della valutazione, le aziende possono pianificare e implementare azioni correttive mirate per affrontare le fonti di stress identificate. Queste azioni possono includere la riduzione del carico di lavoro, la promozione di programmi di gestione dello stress, la formazione sui problemi legati al benessere mentale e altro ancora.

Monitoraggio e Valutazione Periodica: È importante che le aziende monitorino e valutino periodicamente l'efficacia delle azioni correttive. Questo permette di apportare modifiche quando necessario e di migliorare continuamente le politiche e le pratiche aziendali.

Conformità Legale: In alcune giurisdizioni, la valutazione dei rischi psicosociali è richiesta per conformarsi alle leggi sulla salute e sicurezza sul lavoro[32]. Le aziende devono essere consapevoli delle normative locali e regionali in materia di salute mentale e SLC.

Cultura del Benessere: La valutazione dei rischi psicosociali può contribuire a promuovere una cultura del benessere all'interno

---

[32] Alcuni paesi dell'Unione Europea hanno introdotto regolamenti che richiedono alle aziende di valutare e affrontare i rischi psicosociali come parte delle loro responsabilità in materia di salute e sicurezza sul lavoro. Questi regolamenti possono variare da un paese all'altro.
Ecco alcuni esempi di paesi che hanno introdotto regolamenti relativi ai rischi psicosociali sul lavoro:
Francia: La Francia ha adottato il "decreto stress" nel 2014, che richiede alle aziende di valutare i rischi psicosociali e adottare misure per prevenirli.
Spagna: In Spagna, esiste una legge sulla prevenzione dei rischi sul lavoro che include la valutazione e la gestione dei rischi psicosociali.
Italia: In Italia, il Decreto Legislativo 81/2008 prevede l'obbligo di valutare i rischi psicosociali e di adottare misure preventive.
Regno Unito: Nel Regno Unito, l'Health and Safety Executive (HSE) fornisce linee guida sulla gestione del benessere mentale e dei rischi psicosociali sul lavoro.
Canada: In Canada, alcune province hanno leggi e regolamenti specifici sulla salute e sicurezza sul lavoro che richiedono la valutazione dei rischi psicosociali.
Australia: Anche in Australia ci sono leggi statali che richiedono la gestione dei rischi psicosociali come parte delle responsabilità in materia di salute e sicurezza sul lavoro.
.

dell'azienda. Dimostra l'impegno dell'azienda per la salute mentale dei dipendenti.

La valutazione dei rischi psicosociali è un approccio fondamentale per la gestione dello SLC e per la creazione di un ambiente di lavoro sano e positivo. Aiuta le aziende a identificare, affrontare e prevenire le fonti di stress, promuovendo la salute mentale e il benessere dei dipendenti.

Feedback Anonimo: Raccogliere feedback in modo anonimo può incoraggiare i dipendenti a esprimere apertamente le loro preoccupazioni senza paura di ritorsioni.

Fin qui abbiamo enunciato una serie di strumenti di rilevazione del rischio di SLC, questo è il primo passo essenziale per 'misurare la temperatura' alla propria azienda. Quale che sia la metodologia e i test utilizzati, più o meno sofisticati, il risultato dovrebbe essere un auspicabile 'nulla da rilevare' oppure un possibile 'alert' che indica la presenza del 'virus' all'interno del sistema.

In questo caso, già il fatto di averlo rilevato, è un importante passo avanti per correre subito ai ripari e mettere in atto la cura più opportuna.

I test specifici per rilevare possibili problematiche (Test sullo Stress lavoro correlato, Test sul Benessere organizzativo, Test sul Clima aziendale...) forniscono una serie di dati (esempi specifici sono presentati in appendice a pag. 109 di questo volume) utilissimi per un primo intervento ma non esaustivi. Solo un approfondimento partendo dai dati rilevati può dar luogo a una cura specifica e, soprattutto mirata.

Nella maggior parte dei casi l'elemento critico che produce la sindrome SLC è abbastanza palese come del resto lo è, alla Direzione attenta, anche la causa. Talora, distratti dai mille impegni quotidiani, dalle responsabilità, dalle decisioni continue, non si ha la prontezza di cogliere sul nascere il disagio e si sottovaluta l'effetto che questo può avere sui soggetti più fragili. Non tutti reagiscono allo stesso modo alle difficoltà che si presentano sul lavoro, anche una costante come il 'Cambiamento' è vissuta dai più come 'normalità' da altri come una tragedia insormontabile.

Spesso è sufficiente un assessment che coinvolga figure chiave del reparto dove si è presentata la SLC per far emergere il problema e identificare gli 'anelli deboli' della catena che possono trovarsi tra le figure convocate piuttosto che essere altri dipendenti del reparto. In entrambe i casi i conduttori dell'assessment saranno in grado di proporre eventuali ulteriori 'carotaggi', qualora non fosse ben chiaro il motivo scatenante la sindrome o i dipendenti coinvolti. Altre volte è consigliabile organizzare focus group o sessioni specifiche di sostegno.

La scelta degli strumenti di valutazione dipende dalle esigenze specifiche dell'azienda e dalla complessità del problema dello stress lavoro-correlato. Spesso, una combinazione di metodi può fornire una panoramica più completa della situazione.

È fondamentale che le aziende affrontino il problema dello stress sul posto di lavoro in modo proattivo, implementando misure di prevenzione e fornendo supporto ai dipendenti quando necessario.

L'emergenza Covid-19, oltre a generare enormi problemi a livello sanitario, ha accelerato una ri-organizzazione del lavoro e delle modalità lavorative, incrementando di molto l'utilizzo di nuove tecnologie.

L'utilizzo di strumenti tecnologici può indurre 'stress'; ciò può avvenire sia:

- a causa di un evento improvviso (esempio: virus che causa perdita dei dati o interruzione del servizio), rispetto a cui bisogna trovare strumenti/risorse che risolvano la problematica;
- a causa di eventi continui (esempio: continui aggiornamenti). In questo caso è possibile che si generi un'incertezza lavorativa causata dall'impossibilità/preoccupazione nel fronteggiare questi continui cambiamenti (l'incertezza lavorativa potrebbe riguardare sia una persona che non "ama" la tecnologia sia una persona che usa normalmente la tecnologia ma che potrebbe percepire una mancanza di chiarezza nelle strategie aziendali).

Ogni individuo, in base alle proprie caratteristiche, reagisce in modo differente di fronte a queste difficoltà. Per alcuni il "mondo tecnologico" può essere fonte di "technostress"[33].

Occorre quindi identificare gli aspetti dell'individuo che possono contribuire a ridurre/limitare gli effetti del technostress, ossia si tratta di conoscere – di una persona – alcuni aspetti legati alla propria sfera caratteriale (irascibilità, pessimismo, sincerità, rapporto casa-lavoro, grado di autostima, introversione, livello di studio, ecc.).

---

[33] La definizione di Technostress di Michelle Weil e Larry Rosen: "Ogni conseguenza negativa che abbia effetto su attitudini, pensieri, comportamenti o psiche, causata direttamente o indirettamente dalla tecnologia".

Questi 'tratti personali' possono fungere da moderatori dello stress tecnologico; conoscerli e sapere che si può intervenire su di essi per contenere lo stress è molto importante in ambito lavorativo. In una persona con un basso livello di autostima, ad esempio, può attivarsi una reazione di stress in quanto non si ritiene in grado di gestire i nuovi sviluppi tecnologici. Intervenire con azioni (corsi, interventi, riunioni, ...) che riescano a far leva su questo aspetto può riuscire a ridurre lo stress generato.

Oltre alla gestione dei 'tratti personali', esistono altri inibitori del technostress ossia delle modalità attraverso le quali è possibili contenere i danni da esso causati. Si può ad esempio far leva sull'insoddisfazione lavorativa, il coinvolgimento continuo e l'attaccamento all'azienda.

In che modo?

1. sentirsi parte dell'organizzazione rafforza il senso di appartenenza all'azienda che, in caso contrario, potrebbe venir meno a causa delle difficoltà incontrate nell'uso delle nuove tecnologie, in particolar modo quando accompagnate da una mancanza di supporto tecnico per gestire suddette problematiche;

2. le gratifiche, i premi, gli incentivi rappresentano forme di convincimento nei confronti un lavoratore ad apprendere l'uso delle nuove tecnologie facendo leva sull'aspetto motivazionale;

3. la chiarezza degli obiettivi, il coinvolgimento nell'introduzione delle nuove tecnologie ICT può accrescere l'impegno verso l'azienda;

4. l'organizzazione del lavoro e la sistematicità con la quale si affrontano in generale le tematiche del cambiamento organizzativo possono costituire un fattore inibitore del technostress influenzando l'insoddisfazione lavorativa;

5. l'ambiente di lavoro nel suo complesso può inibire il technostress influenzando l'insoddisfazione lavorativa, il coinvolgimento continuo e l'attaccamento all'azienda.

Raccogliere e analizzare i dati concernenti l'insoddisfazione lavorativa, il coinvolgimento continuo, l'attaccamento all'azienda permettono di comprendere quegli aspetti del tecnostress che devono essere considerati per ridurne gli effetti.

Inoltre, sentirsi "sostenuti" dalla propria organizzazione nella gestione dei nuovi strumenti può essere un ottimo modo per attenuare e moderare gli effetti negativi. È fondamentale introdurre:

- un supporto tecnico;
- un supporto organizzativo

Il supporto tecnico (ad esempio help desk), potrebbe essere un facilitatore nell'apprendimento delle funzionalità del nuovo dispositivo. Tale supporto deve tenere conto delle cause che rendono complesso l'utilizzo e delle differenze individuali.

Il supporto organizzativo, fornendo informazioni in merito al motivo del cambiamento in un'ottica complessiva di strategia aziendale, può limitare l'incertezza derivante dal continuo cambiamento.

Strumento:

Per esplorare le principali dimensioni legate al technostress, suggeriamo l'adozione della Technostress creators scale (T. S. Ragu-Nathan, Monideepa Tarafdar, Bhanu S. Ragu-Nathan, 2008)

Attraverso 23 items si ottiene una valutazione di 5 fattori, dove ciascuno rappresenta una dimensione/aspetto differente del tecnostress. I cinque fattori sono:

- *tecno-sovraccarico*: descrive situazioni in cui le ICT costringono gli utenti a lavorare più velocemente e più a lungo
- *tecno-invasione*: descrive l'effetto invasivo delle ICT in situazioni in cui i dipendenti possono essere raggiunti in qualsiasi momento e sentono il bisogno di essere costantemente connessi, confondendo così i contesti lavorativi e personali.
- *tecno-complessità*: descrive situazioni in cui la complessità associata alle ICT porta gli utenti a sentirsi inadeguati per

quanto riguarda le competenze informatiche e li costringe a dedicare tempo e fatica per imparare e capire le ICT.

- *tecno-insicurezza*: situazioni in cui gli utenti si sentono minacciati di perdere il lavoro, a causa dell'automazione delle ICT o a favore di altre persone che hanno una migliore comprensione delle ICT.
- *tecno-incertezza*: contesti in cui i continui cambiamenti e aggiornamenti delle TIC turbano gli utenti e creano incertezza, in modo che debbano costantemente imparare e formarsi sulle nuove TIC.

In appendice si riporta un caso in cui, applicano il modello qui descritto, si è rilevata la fonte di stress legata alla tecnologia.

Il ruolo della Direzione del Personale

Il ruolo della Direzione Risorse Umane è fondamentale nell'individuazione delle aree di rischio per la patologia SLC e nella 'cura', nell'attenuazione e nella risoluzione dei casi attraverso l'aiuto rivolto a chi si trova in situazioni di disagio.

Abbiamo, nel capitolo dedicato alle possibili cause scatenanti lo stress sul posto di lavoro, esaminato oltre alle cause anche possibili strategie di risoluzione.

Spesso la strategia vincente è quella di collocare 'L'uomo giusto al posto giusto'. Solo chi è soddisfatto del lavoro che svolge, nella situazione aziendale più confacente alle sue caratteristiche, riesce a dare il meglio all'azienda.

Il vantaggio per l'impresa è evidente: maggior produttività, minor assenteismo, minori tensioni in reparto, maggior creatività e voglia di crescere con l'azienda.

Nell'era moderna, il ruolo del Responsabile del Personale (o Direttore delle Risorse Umane) è in costante evoluzione, guidato da cambiamenti organizzativi, tecnologici e sociali. Questo professionista svolge un ruolo cruciale nell'individuazione, gestione e mitigazione dello stress lavoro-correlato in azienda, soprattutto in un contesto in cui l'Intelligenza Artificiale (IA) sta potenzialmente rivoluzionando il mondo del lavoro.

1. Adattamento ai Cambiamenti Organizzativi:

Le aziende stanno affrontando cambiamenti organizzativi significativi, come l'adozione di modelli di lavoro flessibili, la decentralizzazione delle decisioni e l'agilità nell'adattarsi alle esigenze del mercato. Il Responsabile del Personale deve guidare la gestione del personale in questo contesto, assicurandosi che i dipendenti siano adeguatamente preparati per affrontare le sfide legate ai nuovi modelli di lavoro e che siano in grado di gestire lo stress associato a tali cambiamenti.

2. Gestione delle Tecnologie Emergenti:

L'Intelligenza Artificiale e l'automazione stanno trasformando il modo in cui vengono svolte molte mansioni. Il Responsabile del Personale deve collaborare con i dipartimenti tecnologici per identificare come queste tecnologie possono essere integrate senza generare ansia tra i dipendenti. Questo può includere la formazione per sviluppare nuove competenze e garantire che i dipendenti si sentano sicuri nell'utilizzare le nuove tecnologie.

3. Creazione di una Cultura Aziendale Resiliente:

La cultura aziendale svolge un ruolo fondamentale nella gestione dello stress lavoro-correlato. Il Responsabile del Personale deve lavorare per promuovere una cultura aziendale che valorizzi la resilienza, la comunicazione aperta e la gestione delle sfide psicologiche. Ciò può contribuire a ridurre lo stigma associato al riconoscimento dello stress e favorire l'accesso ai servizi di supporto.

4. Sostegno alla Salute Mentale:

Il Responsabile del Personale deve garantire che i dipendenti abbiano accesso a programmi di sostegno per la salute mentale. Questi possono includere servizi di consulenza, programmi di benessere e risorse per la gestione dello stress. La prevenzione e il riconoscimento precoce dei segnali di stress sono di fondamentale importanza.

5. Adattamento Continuo:

Il Responsabile del Personale deve essere disposto a imparare e adattarsi in modo continuo. L'evoluzione delle dinamiche aziendali e sociali richiede un approccio flessibile alla gestione delle risorse umane. Questo può comportare la ricerca di feedback dai dipendenti, la partecipazione a formazioni sulla gestione dello stress e la rimozione di barriere che potrebbero ostacolare la comunicazione aperta.

6. Promozione del Benessere:
Promuovere il benessere dei dipendenti dovrebbe essere una priorità costante per il Responsabile del Personale. Ciò può comportare la promozione di un equilibrio tra lavoro e vita personale, la creazione di programmi di supporto familiare e la promozione di un ambiente di lavoro che favorisca il benessere fisico e mentale.

7. Gestione del Cambiamento:
Il Responsabile del Personale deve guidare la gestione del cambiamento in azienda, aiutando i dipendenti a comprendere e ad accettare i cambiamenti organizzativi. La comunicazione chiara e l'empatia sono fondamentali in questo processo.

Come abbiamo potuto vedere il ruolo del Responsabile del Personale è in costante evoluzione per adattarsi alle mutevoli dinamiche aziendali e tecnologiche. Solo in un recente passato il ruolo della direzione Risorse Umane era agito in modo per lo più amministrativo. Il 'personale' si occupava della gestione amministrativa dei dipendenti, dei cedolini, delle lettere di assunzione, licenziamento, richiamo... Il passaggio da una visione amministrativa a una gestionale non è semplice e ancor oggi non tutte le aziende hanno saputo valorizzare questo ruolo cruciale per la crescita dell'impresa. Questo professionista svolge un ruolo chiave nell'individuare e mitigare lo stress lavoro-correlato, promuovendo una cultura aziendale di benessere e resilienza. L'adozione di un approccio proattivo alla gestione delle risorse umane è essenziale per affrontare con successo le sfide moderne del mondo del lavoro.
Qui di seguito esaminiamo uno per uno i punti evidenziati:

1. Adattamento ai Cambiamenti Organizzativi

Il Responsabile del Personale deve affrontare in modo proattivo e strategico i cambiamenti organizzativi, che possono includere l'adozione di nuovi modelli di lavoro, la decentralizzazione delle decisioni e la creazione di un ambiente aziendale più flessibile. Ecco come può farlo:

a. Identificazione delle Fonti di Stress: Il primo passo consiste nell'identificare le fonti di stress che possono emergere durante i cambiamenti organizzativi. Queste possono includere incertezza sul futuro, resistenza al cambiamento da parte dei dipendenti e paura di perdere il controllo sul proprio lavoro.

b. Comunicazione Efficace: Il Responsabile del Personale deve svolgere un ruolo centrale nella comunicazione dei cambiamenti. Questo include la trasmissione di informazioni chiare e accurate ai dipendenti, spiegando le ragioni dei cambiamenti e illustrando i benefici che ne deriveranno per l'azienda e per loro stessi.

c. Coinvolgimento dei Dipendenti: Coinvolgere i dipendenti nella pianificazione e nell'attuazione dei cambiamenti può aumentare il loro senso di controllo e di appartenenza all'azienda. Il Responsabile del Personale può facilitare questa partecipazione attraverso sessioni di brainstorming, gruppi di lavoro o sondaggi di feedback.

d. Supporto alla Formazione: I cambiamenti organizzativi spesso richiedono nuove competenze o adattamenti da parte dei dipendenti. Il Responsabile del Personale dovrebbe fornire opportunità di formazione e sviluppo per aiutare i dipendenti a sviluppare le competenze necessarie per avere successo nei nuovi contesti.

e. Monitoraggio del Benessere: Durante i periodi di cambiamento, il monitoraggio del benessere dei dipendenti è essenziale. Il Responsabile del Personale dovrebbe essere attento ai segnali di stress o di resistenza al cambiamento e prendere misure immediate per fornire supporto.

f. Gestione dei Conflitti: I cambiamenti organizzativi possono generare conflitti tra dipendenti o tra dipendenti e dirigenti. Il Responsabile del Personale dovrebbe essere preparato a gestire questi conflitti in modo equo ed efficace per evitare che si trasformino in fonti aggiuntive di stress.

g. Misurazione del Successo: Una volta implementati i cambiamenti, il Responsabile del Personale dovrebbe misurare il loro successo attraverso indicatori chiave di performance (KPI) legati agli obiettivi organizzativi. Questa valutazione può aiutare a determinare se ulteriori regolazioni sono necessarie.

Esempio: Supponiamo che un'azienda stia adottando un nuovo modello di lavoro ibrido che combina il lavoro in ufficio e il telelavoro. Il Responsabile del Personale può:

Condurre sessioni informative per spiegare il nuovo modello ai dipendenti.

Raccogliere feedback tramite sondaggi per valutare le preoccupazioni dei dipendenti.

Fornire formazione sulla gestione del tempo e sul lavoro da remoto.

Monitorare il benessere dei dipendenti attraverso incontri regolari e sondaggi di benessere.

In questo modo, il Responsabile del Personale può contribuire a garantire che il cambiamento sia gestito in modo efficace, riducendo al minimo lo stress e massimizzando l'adattamento positivo dei dipendenti.

2. GESTIONE DELLE TECNOLOGIE EMERGENTI

L'introduzione di tecnologie emergenti, come l'Intelligenza Artificiale (IA) e l'automazione, può generare sia opportunità che sfide per i dipendenti. Il Responsabile del Personale ha un ruolo cruciale nella gestione di questa transizione e nel mitigare lo stress associato a tali cambiamenti. Ecco come può farlo:

a. Valutazione dell'Impatto Tecnologico: Il Responsabile del Personale dovrebbe collaborare con i reparti tecnologici per valutare l'effettivo impatto delle nuove tecnologie sui compiti e le mansioni dei dipendenti. Questa valutazione dovrebbe includere la possibile automazione di determinate attività e le opportunità di miglioramento delle performance.

b. Identificazione delle Competenze Necessarie: Una volta identificati gli impatti, il Responsabile del Personale dovrebbe lavorare per definire le competenze necessarie per lavorare con successo con le nuove tecnologie. Questo potrebbe richiedere la formazione dei dipendenti o l'assunzione di nuovi talenti.

c. Sostegno alla Formazione: È fondamentale fornire ai dipendenti le risorse e le opportunità di formazione per acquisire le competenze richieste. Questo può includere corsi online, programmi di sviluppo interno o formatori specializzati.

d. Comunicazione Aperta: Il Responsabile del Personale dovrebbe incoraggiare una comunicazione aperta e trasparente sui cambiamenti tecnologici. I dipendenti dovrebbero sentirsi a loro agio nel sollevare domande o preoccupazioni legate all'adozione di nuove tecnologie.

e. Gestione delle Aspettative: È importante gestire realisticamente le aspettative dei dipendenti rispetto alle nuove tecnologie. Ciò può includere spiegare che l'automazione potrebbe semplificare alcune attività ma richiedere nuove competenze per lavori più avanzati.

f. Monitoraggio del Benessere: Durante il periodo di adattamento alle nuove tecnologie, il Responsabile del Personale dovrebbe monitorare da vicino il benessere dei dipendenti. L'ansia legata al timore di perdere il proprio lavoro a causa dell'automazione è una preoccupazione comune, e il supporto psicologico dovrebbe essere fornito quando necessario.

g. Gestione del Cambiamento: L'introduzione di nuove tecnologie rappresenta un cambiamento significativo per l'organizzazione. Il Responsabile del Personale dovrebbe lavorare per gestire questo cambiamento in modo efficace, comunicando i benefici delle nuove tecnologie e affrontando le preoccupazioni dei dipendenti.

Esempio: Supponiamo che un'azienda stia implementando un sistema di automazione dei processi basato sull'IA per gestire il servizio clienti. Il Responsabile del Personale potrebbe:
Identificare le competenze necessarie per lavorare con il nuovo sistema.
Creare programmi di formazione per insegnare ai dipendenti come utilizzare l'IA in modo efficace.
Stabilire una linea diretta di comunicazione per affrontare le domande o le preoccupazioni dei dipendenti.
Monitorare il benessere dei dipendenti attraverso sondaggi di benessere e incontri periodici.
In questo modo, il Responsabile del Personale può contribuire a garantire una transizione più agevole verso l'adozione delle nuove tecnologie e a ridurre lo stress legato a tali cambiamenti.

3. CREAZIONE DI UNA CULTURA AZIENDALE RESILIENTE
La cultura aziendale è il risultato di un processo condiviso tra la leadership aziendale, il Responsabile del Personale, i dipendenti e l'ambiente di lavoro. Il Direttore del Personale svolge un ruolo guida nella promozione e nella gestione di una cultura aziendale resiliente, ma è importante che tutta l'organizzazione contribuisca a definire e sostenere questa cultura.

Quale è, dunque il ruolo del Direttore del Personale nella Creazione della Cultura Aziendale?

a) Definizione dei Valori e delle Norme: Il Direttore del Personale lavora in collaborazione con la leadership aziendale per definire i valori e le norme aziendali. Questi valori possono includere l'importanza del benessere dei dipendenti, la comunicazione aperta, la collaborazione e la gestione dello stress. Questi valori diventano la base per la cultura aziendale.

b) Comunicazione e Trasparenza: Il Responsabile del Personale è responsabile della promozione di una comunicazione aperta e trasparente all'interno dell'azienda. Questo include la condivisione delle informazioni sui programmi di benessere, l'accesso a risorse per la gestione dello stress e la sensibilizzazione sulla cultura aziendale.

c) Formazione e Sviluppo: Il Direttore del Personale coordina programmi di formazione e sviluppo che contribuiscono a promuovere la cultura aziendale. Questi programmi possono includere sessioni sulla gestione dello stress, sulla comunicazione efficace e sulla promozione del benessere.

d) Assunzione e Selezione: Nel processo di assunzione, il Responsabile del Personale cerca candidati che si allineino ai valori e alla cultura aziendale. Questo assicura che i nuovi dipendenti siano più propensi a contribuire positivamente alla cultura aziendale esistente.

e) Monitoraggio del Clima Aziendale: Il Direttore del Personale può condurre sondaggi sul clima aziendale per valutare come i dipendenti percepiscono la cultura aziendale e se ci sono aree di miglioramento. Questi dati possono guidare gli sforzi per promuovere una cultura più resiliente.

La cultura aziendale è il risultato di un insieme complesso di fattori e influenze, e spetta a tutta l'organizzazione definirla e mantenerla. I principali determinanti della cultura aziendale includono:

Leadership Aziendale: La leadership aziendale, compresi i dirigenti e i manager, ha un'influenza significativa sulla cultura aziendale. Le loro azioni, valori e comportamenti influenzano direttamente come i dipendenti percepiscono e adottano la cultura aziendale.

Storia e Tradizioni: La storia e le tradizioni aziendali contribuiscono a plasmare la cultura. Le aziende con una lunga storia possono avere una cultura radicata, mentre le nuove startup possono creare una cultura da zero.

Dipendenti: I dipendenti stessi giocano un ruolo cruciale nella formazione della cultura aziendale attraverso le loro interazioni, la collaborazione e l'adesione ai valori aziendali.

Ambiente di Lavoro: L'ambiente fisico e virtuale in cui i dipendenti lavorano può influenzare la cultura aziendale. Un ambiente di lavoro aperto e collaborativo può favorire la cultura della condivisione e dell'innovazione.

4. SOSTEGNO ALLA SALUTE MENTALE

La salute mentale dei dipendenti è, evidentemente, un aspetto fondamentale nella gestione dello stress lavoro-correlato. Il Responsabile del Personale svolge un ruolo essenziale nell'assicurare che i dipendenti abbiano accesso a risorse e supporto per la loro salute mentale. Ecco come può farlo:

a. Promozione della Consapevolezza: Il Responsabile del Personale può promuovere la consapevolezza della salute mentale all'interno dell'azienda. Questo può includere campagne di sensibilizzazione, seminari e workshop sulla gestione dello stress e sulla promozione del benessere psicologico e, naturalmente, la diffusione dei risultati delle specifiche ricerche di cui abbiamo parlato nel capitolo dedicato agli strumenti. I risultati che verranno diffusi, possibilmente nel corso di un incontro specifico, in plenaria, saranno naturalmente riferiti all'azienda e, tutt'al più ai reparti, mai al singolo individuo.

b. Programmi di Supporto: Il Direttore del Personale dovrebbe collaborare con fornitori di servizi di supporto per la salute mentale, come psicologi o consulenti aziendali, per offrire programmi di consulenza e supporto ai dipendenti. Questi programmi possono includere sessioni individuali o di gruppo.

c. Accesso a Servizi di Salute Mentale: Assicurarsi che i dipendenti abbiano accesso a servizi di salute mentale di alta qualità è fondamentale. Il Responsabile del Personale dovrebbe coordinare l'accesso a professionisti qualificati e garantire che i dipendenti siano a conoscenza di tali risorse.

d. Politiche di Congedo: Creare politiche aziendali che permettano ai dipendenti di prendersi del tempo libero per affrontare questioni legate alla salute mentale è importante. Queste politiche dovrebbero essere non punitive e garantire che i dipendenti possano accedere al supporto di cui hanno bisogno senza preoccuparsi delle conseguenze sul lavoro.

e. Sensibilizzazione allo Stress Lavoro-correlato: Il Responsabile del Personale dovrebbe incoraggiare i dipendenti a riconoscere i segnali precoci dello stress lavoro-correlato e a cercare aiuto quando necessario. Questo può essere fatto attraverso la distribuzione di risorse informative e l'organizzazione di sessioni di formazione sulla gestione dello stress.

f. Monitoraggio del Benessere: Il Responsabile del Personale dovrebbe monitorare il benessere mentale dei dipendenti attraverso sondaggi di benessere e incontri individuali. Questo può aiutare a identificare i dipendenti che potrebbero aver bisogno di supporto aggiuntivo.

g. Cultura di Sostegno: Promuovere una cultura aziendale che sostenga la salute mentale è cruciale. Il Responsabile del Personale dovrebbe lavorare per rimuovere lo stigma associato alla ricerca di aiuto e per incoraggiare una cultura di apertura e di supporto tra i dipendenti.

Esempio: Immaginiamo che un dipendente si trovi sotto pressione a causa di un carico di lavoro elevato e stia manifestando segni di stress. Il Responsabile del Personale può:
Offrire un colloquio confidenziale per discutere le preoccupazioni del dipendente.

Fornire informazioni su servizi di consulenza esterni o programmi aziendali di supporto alla salute mentale.

Collaborare con il dipendente per sviluppare un piano di gestione dello stress, che potrebbe includere flessibilità nell'orario di lavoro o altre misure di supporto.

In questo modo, il Responsabile del Personale può contribuire a creare un ambiente in cui la salute mentale è una priorità e i dipendenti si sentono sostenuti nella gestione dello stress lavoro-correlato.

5. ADATTAMENTO CONTINUO

L'adattamento continuo è una componente importante per affrontare lo stress lavoro-correlato in un ambiente aziendale in costante evoluzione. Il Responsabile del Personale svolge un ruolo chiave nel promuovere questa capacità di adattamento tra i dipendenti. Ecco come può farlo:

a. Formazione Continua: Il Responsabile del Personale dovrebbe promuovere la formazione continua e lo sviluppo delle competenze tra i dipendenti. Questo può includere programmi di apprendimento online, corsi di aggiornamento e opportunità di sviluppo interno.

b. Flessibilità nelle Mansioni: La flessibilità nelle mansioni può consentire ai dipendenti di adattarsi alle nuove esigenze e ai cambiamenti organizzativi. Il Direttore del Personale dovrebbe esaminare come le mansioni possono essere ridefinite o modificate per rispondere alle sfide emergenti.

c. Promozione del Pensiero Critico: Il Responsabile del Personale può incoraggiare i dipendenti a sviluppare il pensiero critico e la capacità di risolvere problemi in modo autonomo. Questo può aiutare a ridurre lo stress associato all'incertezza e ai cambiamenti.

d. Comunicazione Aperta: La comunicazione aperta e trasparente è essenziale per l'adattamento continuo. Il Direttore del Personale dovrebbe incoraggiare i dipendenti a condividere le loro preoccupazioni e a fornire feedback sulle sfide che affrontano.

e. Creazione di un Ambiente di Apprendimento: Il Responsabile del Personale può contribuire a creare un ambiente aziendale che valorizzi l'apprendimento e l'innovazione. Questo può includere la promozione di iniziative interne per la condivisione delle conoscenze e la collaborazione tra dipendenti.

f. Monitoraggio delle Tendenze di Mercato: Il Responsabile del Personale dovrebbe tenere d'occhio le tendenze di mercato e le evoluzioni del settore. Questo può aiutare l'azienda a prepararsi per i cambiamenti futuri e a pianificare adeguatamente.

g. Supporto Psicologico: In alcuni casi, l'adattamento continuo può essere stressante per i dipendenti. Il Responsabile del Personale dovrebbe essere attento ai segnali di stress e offrire supporto psicologico quando necessario.

Esempio: Immaginiamo che un'azienda stia adottando una nuova tecnologia per migliorare i processi di produzione. Il Responsabile del Personale può:

Fornire formazione specifica per aiutare i dipendenti a padroneggiare la nuova tecnologia.

Creare opportunità di condivisione delle best practice tra i dipendenti per massimizzare l'apprendimento reciproco.

Monitorare il benessere dei dipendenti durante questa transizione e offrire supporto individuale quando necessario.

In questo modo, il Responsabile del Personale può contribuire a promuovere l'adattamento continuo tra i dipendenti e a ridurre lo stress legato ai cambiamenti organizzativi.

6. PROMOZIONE DEL BENESSERE

Il Responsabile del Personale svolge un ruolo chiave nell'implementare strategie e programmi per migliorare il benessere dei dipendenti. Ecco come può farlo:

a. Programmi di Benessere: Il Responsabile del Personale dovrebbe coordinare programmi di benessere aziendale che includono attività fisiche, nutrizione, gestione dello stress e promozione di uno stile di vita sano. Questi programmi possono variare da sessioni di yoga in azienda a incentivi per la partecipazione a corsi di fitness o specifici corsi di formazione sul benessere in azienda.[34]

b. Flessibilità nell'Orario di Lavoro: Offrire flessibilità nell'orario di lavoro può aiutare i dipendenti a conciliare meglio il lavoro con la vita personale, riducendo così lo stress. Questa flessibilità può includere l'opzione di lavoro da casa, orari flessibili o giorni di ferie supplementari.

---

[34] Si segnala, ad esempio, il corso di formazione: "Corpore sano in ufficio sano" proposto da Gianluca Bidin di MetaPhysika (www.metaphysika.it) di Milano. Il corso è incentrato sul benessere fisico in azienda e prevede esercizi che ciascuno può fare, anche seduto alla propria scrivania. Il corso specifico prevede, inoltre, indicazioni sul regime alimentare ideale per consentire ai lavoratori di non appesantirsi nella 'pausa pranzo '.

c. Ambiente di Lavoro Salutare: Creare un ambiente di lavoro fisicamente sano è essenziale. Il Responsabile del Personale dovrebbe assicurarsi che l'ambiente di lavoro sia pulito, sicuro e confortevole. Questo può contribuire a ridurre il livello di stress causato da fattori ambientali.

d. Supporto Psicologico: Il Direttore del Personale dovrebbe fornire accesso a servizi di supporto psicologico come consulenze o sedute di terapia per i dipendenti che ne hanno bisogno. Questo può aiutare a gestire il livello di stress e prevenire condizioni di salute mentale più gravi.

e. Promozione della Gestione dello Stress: Il Responsabile del Personale può organizzare workshop e seminari sulla gestione dello stress per insegnare ai dipendenti tecniche efficaci per affrontare le sfide legate al lavoro.

f. Sondaggi di Benessere: Condurre regolarmente sondaggi di benessere tra i dipendenti per raccogliere feedback sulla loro soddisfazione e identificare eventuali aree di miglioramento.

g. Cultura di Supporto: Promuovere una cultura aziendale che sostiene il benessere è fondamentale. Il Direttore del Personale dovrebbe lavorare per rimuovere lo stigma legato alla richiesta di supporto e creare un ambiente in cui i dipendenti si sentano a loro agio nel cercare aiuto.

Esempio: Supponiamo che un'azienda stia cercando di promuovere il benessere tra i dipendenti. Il Responsabile del Personale potrebbe:

Organizzare un programma di fitness aziendale che includa lezioni di yoga settimanali e sessioni di allenamento in palestra. * Esempi di iniziative realizzate

104

Creare un ambiente di lavoro che favorisca la socializzazione e la comunicazione tra i dipendenti, ad esempio attraverso spazi comuni accoglienti.

Offrire accesso a uno psicologo aziendale per consulenze individuali in caso di stress o problemi personali.

In questo modo, il Responsabile del Personale può contribuire a promuovere un ambiente di lavoro più sano e a ridurre lo stress tra i dipendenti.

*

Esempi di Iniziative di Benessere Aziendale

L'implementazione di programmi di benessere aziendale è una pratica sempre più diffusa in molte aziende, sia a livello internazionale che in Italia. Ecco alcuni esempi significativi di iniziative di benessere aziendale:

– Google (Alphabet Inc.): Google è famosa per offrire ai suoi dipendenti un ambiente di lavoro unico con aree di relax, sale per il fitness, percorsi per correre e sessioni di meditazione guidata. Inoltre, l'azienda offre pasti gratuiti e alimenti salutari nei suoi uffici in tutto il mondo.

– Apple Inc.: Apple ha implementato programmi di benessere che includono servizi di consulenza per la salute mentale, corsi di yoga e fitness in azienda, nonché la promozione di uno stile di vita attivo e sano.

– Ferrero: In Italia, l'azienda Ferrero ha introdotto diverse iniziative di benessere per i suoi dipendenti. Queste includono programmi di fitness in azienda, attività di gruppo come corsi di cucina e sessioni di mindfulness, e un'attenzione particolare alla salute dei dipendenti attraverso check-up medici regolari.

– Accenture: La società di consulenza Accenture offre ai suoi dipendenti un programma di "smart working" che consente di lavorare in modo flessibile, incluso il telelavoro. Inoltre, promuove l'equilibrio tra lavoro e vita personale e offre programmi di formazione continua per lo sviluppo delle competenze.

– Intesa Sanpaolo: La banca Intesa Sanpaolo in Italia ha implementato programmi di benessere che includono servizi di supporto psicologico per i dipendenti e corsi di gestione dello stress. L'azienda ha anche adottato politiche di conciliazione tra lavoro e vita personale.

– Unicredit: Unicredit offre programmi di sviluppo del benessere che comprendono attività sportive, iniziative di alimentazione sana e servizi di supporto psicologico. L'azienda promuove anche la flessibilità nell'orario di lavoro.

Come non citare almeno, a questo punto, l'imprenditore 'umanista' Adriano Olivetti che ad Ivrea ha riplasmato la città per adattarla all'impresa e, soprattutto, ai propri dipendenti.

Anche oggi, proprio nel nostro Paese esistono esempi di imprenditori che riservano un occhio di riguardo ai collaboratori. Stiamo pensando in particolare a due imprenditori nell'ambito dell'abbigliamento: Cucinelli e Rosso.

L'azienda di moda italiana Brunello Cucinelli, conosciuta per il suo lusso sostenibile, ha adottato approcci innovativi per promuovere il benessere dei dipendenti. Brunello Cucinelli ha creato un ambiente di lavoro unico, caratterizzato da uffici situati in un borgo medievale ristrutturato, con spazi aperti, giardini e luoghi di incontro.

Inoltre, l'azienda offre ai suoi dipendenti la possibilità di partecipare a corsi di yoga, meditazione e attività fisica in azienda. Promuove inoltre l'equilibrio tra lavoro e vita personale, incoraggiando le pause durante la giornata lavorativa e offrendo servizi di consulenza psicologica.

L'azienda di moda Diesel, fondata da Renzo Rosso, ha adottato una cultura aziendale incentrata sulla creatività e l'innovazione. Diesel favorisce il benessere dei suoi dipendenti attraverso diverse iniziative, tra cui l'organizzazione di eventi artistici e culturali interni, spazi di lavoro creativi e un'atmosfera informale che incoraggia l'autoespressione.

Renzo Rosso ha anche promosso l'iniziativa "Diesel Farm", un progetto di riqualificazione di una vecchia cascina in campagna in Italia, dove i dipendenti possono trascorrere del tempo immersi nella natura e partecipare a attività agricole e culturali.

Questi esempi dimostrano come le aziende stiano riconoscendo sempre di più l'importanza del benessere dei dipendenti e stiano implementando iniziative concrete per promuovere uno stile di vita sano, ridurre lo stress e migliorare la soddisfazione dei dipendenti. Queste pratiche possono essere adattate a diverse realtà aziendali, indipendentemente dalla loro dimensione o settore.

7. Gestione del Cambiamento

La gestione del cambiamento è una sfida significativa per molte organizzazioni e può essere una fonte di grande stress per i dipendenti. Il Responsabile del Personale svolge un ruolo cruciale nel facilitare il processo di cambiamento e nel ridurre lo stress associato. Ecco come può farlo:

a. Comunicazione Efficace: Il Responsabile del Personale dovrebbe garantire che ci sia una comunicazione chiara e aperta riguardo ai cambiamenti pianificati. Questo include spiegare il motivo del cambiamento, i benefici previsti e come influenzerà i dipendenti.

b. Coinvolgimento dei Dipendenti: Coinvolgere i dipendenti nel processo decisionale relativo al cambiamento può aiutare a ridurre la resistenza e lo stress. Il Direttore del Personale dovrebbe cercare il feedback dei dipendenti e coinvolgerli nella pianificazione e nell'implementazione.

c. Supporto alla Transizione: Il Responsabile del Personale dovrebbe fornire supporto ai dipendenti durante il processo di transizione. Questo può includere programmi di formazione, sessioni di consulenza individuale e risorse per affrontare le sfide associate al cambiamento.

d. Monitoraggio del Benessere: Durante periodi di cambiamento significativo, è importante monitorare il benessere dei dipendenti. Il Responsabile del Personale dovrebbe essere attento ai segnali di stress e intervenire quando necessario.

e. Gestione delle Aspettative: Assicurarsi che i dipendenti abbiano aspettative realistiche sul cambiamento è fondamentale. Il Direttore del Personale dovrebbe fornire informazioni chiare su cosa aspettarsi e come il cambiamento influenzerà le loro responsabilità e il loro ambiente di lavoro.

f. Valutazione dei Risultati: Dopo l'implementazione del cambiamento, il Responsabile del Personale dovrebbe valutare i risultati e raccogliere feedback dai dipendenti. Questo può aiutare a identificare eventuali problemi e apportare correzioni.

g. Creazione di una Cultura di Adattamento: Promuovere una cultura aziendale che valorizzi l'adattamento e l'innovazione può rendere i dipendenti più aperti ai cambiamenti futuri.

Esempio: Supponiamo che un'azienda stia pianificando una riorganizzazione significativa che coinvolgerà una ridistribuzione delle responsabilità dei dipendenti. Il Responsabile del Personale potrebbe:

Organizzare una serie di riunioni informative per spiegare i dettagli della riorganizzazione e rispondere alle domande dei dipendenti.

Offrire sessioni di formazione per aiutare i dipendenti a sviluppare le competenze necessarie per le nuove responsabilità.

Fornire supporto psicologico o consulenza individuale per i dipendenti che potrebbero sentirsi ansiosi o stressati a causa del cambiamento.

In questo modo, il Responsabile del Personale può contribuire a facilitare una transizione più agevole attraverso il cambiamento e a ridurre lo stress associato ad esso.

La consulenza

Lo stress lavoro correlato è un problema che va gestito internamente o con l'aiuto di consulenti esterni?

Lasciando da parte il conflitto d'interessi (chi scrive di professione si occupa di consulenza in ambito Risorse Umane...) è abbastanza evidente che il problema va affrontato in primis dall'azienda, per quanto riguarda la rilevazione del problema, quindi è opportuno che l'Ufficio del personale si avvalga di consulenti esterni per individuare con strumenti scientifici (oltre a quelli suggeriti e messi a disposizione dall' INAIL) i termini del problema.

Questo è un comportamento valido anche quando sia presente all'interno della struttura dell'Ufficio del personale una risorsa specifica (psicologo del lavoro ecc.) in quanto la situazione, SLC, spesso non viene riconosciuta dal portatore e, anche quando fosse, richiede un livello di privacy che solo un esterno, professionale e competente, può garantire agli occhi del dipendente.

Vediamo ora quali possono essere i punti a favore di una gestione interna o esterna del fenomeno stress lavoro correlato:

GESTIONE INTERNA DELLO STRESS LAVORO-CORRELATO (SLC):

Conoscenza Interna dell'Azienda: L'Ufficio del Personale conosce meglio l'azienda, la sua cultura e le dinamiche interne. Questa conoscenza può essere preziosa per comprendere i fattori specifici che contribuiscono allo SLC.

Rapporto Continuo con i Dipendenti: Gli addetti alle Risorse Umane hanno un rapporto continuo con i dipendenti e possono essere in grado di rilevare segnali precoci di stress o disagio. Questo può consentire una risposta tempestiva.

Confidenzialità e Privacy: Un Ufficio del Personale ben gestito può garantire un livello di confidenzialità e privacy importante per i dipendenti che desiderano segnalare problemi legati allo stress. Questo può favorire l'apertura e la fiducia.

GESTIONE ESTERNA DELLO STRESS LAVORO-CORRELATO (SLC):

Obiettività e Neutralità: I consulenti esterni possono fornire un punto di vista neutrale e obiettivo sulla situazione aziendale e sugli aspetti legati allo SLC. Questo può essere particolarmente utile quando ci sono dinamiche complesse o problemi di fiducia interna.

Competenza Specializzata: I consulenti esterni spesso hanno una competenza specializzata nella gestione dello stress lavoro-correlato e nei metodi di valutazione. Possono utilizzare strumenti scientifici e metodologie specifiche per rilevare il problema in modo accurato.

La competenza specializzata dei consulenti esterni può essere un vantaggio:

I consulenti esterni spesso sono professionisti esperti nella gestione dello stress e nella valutazione dei rischi psicosociali. Hanno una conoscenza approfondita delle metodologie e degli strumenti scientifici utilizzati per valutare lo SLC. I consulenti esterni possono utilizzare strumenti e metodologie all'avanguardia per analizzare i dati e identificare le fonti di stress all'interno dell'azienda. Questi strumenti possono includere questionari di valutazione, interviste strutturate e analisi statistica. Grazie alla loro esperienza, i consulenti esterni sono in grado di interpretare in modo obiettivo i risultati delle valutazioni dello SLC. Questo può contribuire a identificare le aree problematiche e a suggerire soluzioni mirate.

Sulla base delle valutazioni effettuate, i consulenti esterni possono fornire consigli personalizzati e strategie specifiche per affrontare lo

SLC. Questi consigli sono basati su dati concreti e possono aiutare l'azienda a prendere decisioni informate.

I consulenti esterni possono offrire formazione e programmi di consapevolezza per i dipendenti e i manager sull'importanza della gestione dello stress e sui modi per affrontarlo in modo efficace. Possono, inoltre, offrire supporto continuo nel monitoraggio e nella gestione dello SLC nel tempo, adattando le strategie in base alle esigenze mutevoli dell'azienda.

Indipendenza: I consulenti esterni sono indipendenti dall'azienda e quindi possono fornire una valutazione imparziale. Questo può essere particolarmente importante quando ci sono conflitti interni o resistenza al cambiamento.

Privacy Garantita: L'uso di consulenti esterni può garantire un ulteriore livello di privacy per i dipendenti che desiderano segnalare problemi legati allo SLC, in quanto non fanno parte dell'azienda.

In generale, la gestione dello SLC può beneficiare di una combinazione di approcci interni ed esterni. Ad esempio, l'Ufficio del Personale potrebbe avere un ruolo attivo nella rilevazione precoce e nel supporto iniziale dei dipendenti, mentre i consulenti esterni potrebbero essere coinvolti per condurre valutazioni più approfondite o per affrontare situazioni complesse.

La scelta tra una gestione interna o esterna dipenderà dalle esigenze specifiche dell'azienda, dalla sua cultura e dalla gravità del problema dello SLC. In molti casi, una collaborazione sinergica tra interni ed esterni può essere la soluzione più efficace.

Appendice

Il capitolo seguente, denominato "Appendice", costituisce una parte integrante del lavoro finora svolto e ha lo scopo di presentare una serie di strumenti adottati per rilevare il disagio all'interno di un'organizzazione, sia essa pubblica o privata.

Studi e ricerche sulle organizzazioni hanno dimostrato che le strutture più efficienti sono quelle in cui i dipendenti sono soddisfatti e in cui si respira un 'clima interno' sereno e partecipativo.

Motivazione, collaborazione, coinvolgimento, corretta circolazione delle informazioni, flessibilità e fiducia delle persone sono tutti elementi che contribuiscono al miglioramento della salute mentale e fisica dei lavoratori, alla soddisfazione di clienti e utenti e, in ultima analisi, all'aumento della produttività.

Il concetto di benessere organizzativo si riferisce al modo in cui le persone vivono la relazione con l'organizzazione in cui lavorano. Più una persona si sente parte integrante dell'organizzazione perché ne condivide i valori, le pratiche e il linguaggio, più trova motivazione e significato nel suo lavoro.[35]

Per quanto riguarda il "malessere organizzativo" e le cause che contribuiscono al disagio, lo studio Teseo [36], specializzato in Psicologia Sociale e Clinica, conduce da anni ricerche e test, tra cui l'Analisi del Clima, l'Analisi dello Stress Lavoro-Correlato e l'Analisi del Benessere Organizzativo. Desidero ringraziare Teseo Studio per avermi fornito i risultati di lavori applicati a decine di casi.

I lavori che seguiranno, come precedentemente menzionato, sono stati concessi dai ricercatori di Teseo, i quali hanno condotto le indagini. Tuttavia, non sempre è possibile divulgare le generalità delle

---

[35] Wikilabour (associazione tra sigle sindacali italiane, CGIL Nazionale, CGIL Lombardia, CGIL Milano e alcuni insigni giuristi)
[36] www.teseo-studio.it

aziende che hanno commissionato tali lavori, pertanto alcuni dati anagrafici saranno "mascherati".

CASO 1 - ESITO GENERALE "MODELLO INAIL"

Un'azienda si è rivolta a Teseo studio per realizzare un'indagine volta a valutare la presenza di Stress Lavoro Correlato, adottando come strumento quello proposto da INAIL.

Lo strumento ha considerato in particolare aspetti di contenuto e di contesto.

Si riportano sotto esempi dei risultati ottenuti:

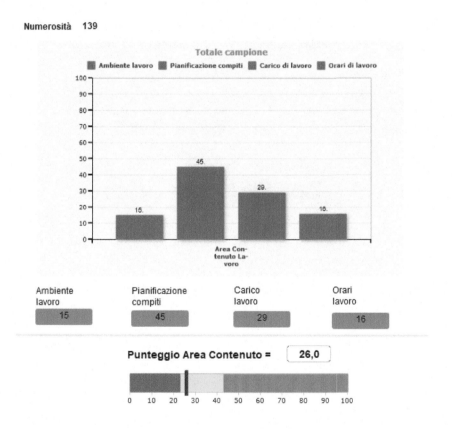

117

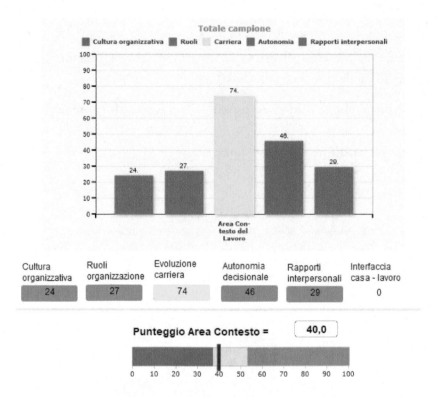

Totale campione

■ Cultura organizzativa ■ Ruoli ■ Carriera ■ Autonomia ■ Rapporti interpersonali

Cultura organizzativa	Ruoli organizzazione	Evoluzione carriera	Autonomia decisionale	Rapporti interpersonali	Interfaccia casa - lavoro
24	27	74	46	29	0

Punteggio Area Contesto = 40,0

0 10 20 30 40 50 60 70 80 90 100

In questa realtà è emersa una preoccupazione legata all'evoluzione della carriera (area contesto del lavoro).

Si è proposto quindi un intervento che miri a definire in modo chiaro i criteri per l'avanzamento di carriera e a informarne tutti i lavoratori.

Laddove non previsti, è anche utile indicare che non sono possibili avanzamenti di carriera per non creare inutili e spesso frustranti aspettative.

Si è, inoltre, suggerita la creazione di un sistema di valutazione dei dirigenti/capi in relazione alla corretta gestione del personale subordinato. Ascoltare i subordinati in relazione ai propri superiori e al loro modo di agire permette di far emergere eventuali criticità nella gestione del personale e di poter intervenire per recuperare.

118

CASO 2 – ESEMPIO DI ESITO INDIVIDUALE

Le indagini di SLC devono sempre garantire l'anonimato delle persone per poter garantire la libertà di espressione individuale.
In alcuni casi, su richiesta del committente e in assoluta trasparenza nei confronti dei partecipanti, è possibile utilizzare "il questionario strumento indicatore" (INAIL) per poter restituire a ogni partecipante il suo specifico profilo.

Questo strumento è composto da 35 item e misura 6 dimensioni:

Domanda: comprende le richieste da parte dell'azienda al lavoratore;

Controllo: riguarda l'autonomia dei lavoratori sulle modalità di svolgimento della propria attività lavorativa;

Supporto: include l'incoraggiamento e il sostegno fornito dai colleghi e dall'azienda;

Relazioni: attinente alla promozione di un lavoro positivo per evitare conflitti;

Ruolo: verifica la consapevolezza del lavoratore relativamente alla posizione lavorativa che riveste;

Cambiamento: valuta in che misura i cambiamenti organizzativi vengono gestiti e comunicati all'interno dell'organizzazione.

Riportiamo sotto un esempio di profilo analitico di un soggetto:

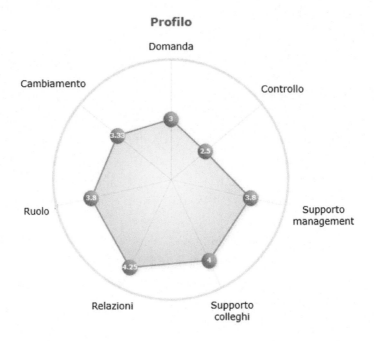

Profilo

Inoltre, il report include la tabella seguente:

Domanda: *(min 8 - max 40 punti)*	24	Necessità di interventi correttivi
Controllo: *(min 6 - max 30 punti)*	15	Necessità di interventi correttivi
Supporto management: *(min 5 - max 25 punti)*	19	Buon livello di prestazione
Supporto dei colleghi: *(min 4 - max 20 punti)*	16	Buon livello di prestazione
Relazioni: *(min 4 - max 20 punti)*	17	Ottimo livello di prestazione ed è necessario mantenerlo
Ruolo: *(min 5 - max 25 punti)*	19	Buon livello di prestazione
Cambiamento: *(min 3 - max 15 punti)*	10	Buon livello di prestazione

Per ciascuna dimensione viene indicato il valore numerico ottenuto dal soggetto e il relativo "semaforo" interpretativo.

In particolare, più basso è il valore di risposta, più elevato è il rischio SLC.

In questo caso il soggetto X ha ottenuto un codice verde sulla dimensione delle relazioni, che indica un ottimo livello di prestazione da mantenere.

Il soggetto Y ha invece un semaforo giallo sulla dimensione domanda e controllo, che indica la necessità di interventi correttivi.

Questa indicazione fa quindi emergere una difficoltà nel comprendere le richieste e le modalità di svolgimento dell'attività lavorativa fatte dall'azienda.

Si è proposto l'invio di comunicazioni scritte con le indicazioni operative dei passaggi richiesti nello svolgimento delle proprie mansioni

Il punteggio totale ottenuto dal soggetto non rileva comunque in termini complessivi la presenza di un livello di stress preoccupante:

120
Indicatore totale

Buon livello di prestazione

121

Caso 3 – esempio di Tecnostress

Una realtà ha contattato Teseo Studio perché a seguito di un elevato incremento dello svolgimento delle attività lavorative in Smart Working e non più presso la loro sede fisica, alcuni lavoratori iniziavano a manifestare del malessere.

Si è somministrato quindi ai lavoratori, tramite questionario programmato su piattaforma web, accessibile quindi in qualsiasi orario e attraverso ogni device, la Technostress creators scale.

Riportiamo sotto i punteggi ottenuti sulle 5 dimensioni:

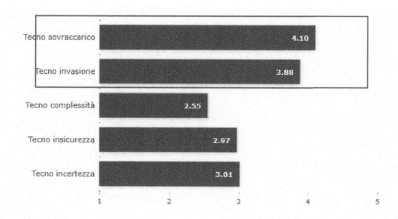

È emerso che i lavoratori si sentivano sovraccaricati e avevano la sensazione di dover lavorare di più e più velocemente. Inoltre, per i soggetti non esisteva più il confine tra sfera privata e lavorativa.

Nella stessa azienda si sono anche realizzate delle interviste personali grazie alle quali si ha avuto conferma dei problemi emersi; i commenti maggiormente raccolti sono stati: "...mi sembra di lavorare molto di più..."; "...non riesco a staccare mai", "...ho sempre meno tempo per me stesso...".

Si è quindi operato con un intervento per ristabilire gli incarichi e definire meglio il lavoro per obiettivi.

Lo Smart Working non deve, infatti, solo significare lavoro da casa ma anche una ri-oganizzazione delle attività per cui le attività vengono svolte per raggiungere un obiettivo.

Se così realizzato è sicuramente una risorsa, sia per l'organizzazione che per il lavoratore[37].

---

[37] Italyinsmartworking - Giulio Spreti 2021 - Brè Edizioni.

CASO 4 - MONITOR

"Valutare le competenze e indirizzare l'azienda a collocare le risorse umane nell'organigramma nella posizione più idonea, ove possibile, con mutua soddisfazione". Questo l'obiettivo dello strumento ideato da Centro Internazionale FOR e messo a punto da Teseo.

Forte di circa 40.000 casi esaminati (in prevalenza dipendenti di Banche e grandi organizzazioni) in oltre 20 anni di indagini, Monitor è in grado di fornire, con una incredibile affidabilità statistica, indicazioni sulle Risorse Umane circa diversi aspetti che possiamo sintetizzare in: Passato, Presente e Futuro.

Non si tratta di una sfera di cristallo… ma di una serie di test che mirano a valutare il Passato lavorativo e i risultati raggiunti dal singolo dipendente (le Prestazioni), la somma delle conoscenze e capacità attualmente Presenti (le Competenze), e il Futuro (le Potenzialità).

In questo lavoro sullo SLC una valutazione sulle Prestazioni, una rilevazione delle Competenze e uno sguardo al Potenziale potrebbero apparire fuori luogo e forse più adatte all'ambito della gestione delle Risorse Umane, se non ché la finalità implicita nello strumento è quella di aiutare l'impresa a collocare "l'uomo giusto al posto giusto" e più volte abbiamo ripetuto che questa condizione, alla fine, è quella che meglio si addice a scongiurare la sindrome da stress lavoro correlato.

Un dipendente soddisfatto, che svolge il compito che più gli si addice, per quanto faticoso, impegnativo, carico di responsabilità, sarà un dipendente forse stanco, forse affaticato ma molto probabilmente non stressato. Del resto la resistenza allo stress è una delle dimensioni che vengono indagate dai test che i dipendenti possono agevolmente compilare sulla piattaforma messa a disposizione da Teseo.

La lettura dei risultati e il successivo esempio di report pongono le basi per degli assessment mirati e non generalizzati. È possibile, infatti, attuare dei 'carotaggi' prendendo spunto dai dati forniti dall'indagine Monitor.

Monitor è costituito da diverse 'batterie' di test: una prima mirata a esplorare le competenze parametrate al ruolo (l'esempio che segue è relativo a un addetto allo sportello di una Banca).
Fig. 1) Scheda riassuntiva addetto allo sportello

Scheda Finale Risorsa

Posizione attuale ricoperta

GESTORE FAMILY E POE

Autovalutazione sintetica competenze del livello raggiunto: Esperto

Tipo competenza	Competenza	Punteggio	Media aziendale ruolo	Scostamento dal profilo atteso
P	CN1 - Procedure utilizzate e normative per realizzazione attività inerenti la cassa, l'area amministrativa e corretto utilizzo	4	3.9	1
P	CN2 - Procedure utilizzate e normative per realizzazione delle attività inerenti l'area servizi e il loro corretto utilizzo	4	3.6	1
P	CN3 - Prodotti area servizi e mutui	3	2.8	0
A	CN4 - Analisi dei bisogni per tipologia dei clienti	3	3.5	0
A	CN5 - Prodotti dell'area servizi	3	3.6	0
A	CN6 - Sistemi evoluti di pagamento	3	3.7	0
A	CN7 - Normative di legge che regolano l'attività del credito, dei servizi bancari e della vendita	2	2.9	-1
A	CAP1 - Qualità del lavoro	4	3.9	1
A	CAP2 - Quantità del lavoro	4	3.9	1
P	CAP3 - Capacità di relazione	4	4.3	1
A	CAP4 - Autoformazione	3	3.4	0
A	CAP5 - Capacità di adattarsi alle diverse situazioni	4	4.0	1
A	CAP6 - Teamworking	4	4.3	1
A	CAP7 - Spinta motivazionale	4	3.6	1
P	CAP8 - Tecniche di vendita per tipologia di cliente/prodotto	4	3.3	1
P	CAP9 - Gestione, monitoraggio e sviluppo di un pacchetto assegnato di clienti	4	3.1	1
	Punteggio medio delle competenze prioritarie:	3.83	3.5	
	Punteggio medio competenze complessivo:	4.28	4.3	

Caratteristiche di Potenziale prevalenti	Introverso	Pratico	Intuitivo	Flessibile

Legenda Tipo Competenze	Legenda Punteggio Medio su tutte le competenze con quelle prioritarie pesate 1.5		
P = Competenze prioritarie		da 4.01 a 5.00	Esperto
A = Altre competenze		da 3.13 a 4.00	Più che adeguato
		da 2.65 a 3.12	Adeguato
		da 2.01 a 2.64	Junior
		da 0.00 a 2.00	Inesperto

		osservazioni
autovalutazione competenze	Adeguato	
motivazione ad investire su sè stessi	Media	
motivazione ad assumersi responsabilità crescenti	Media	
autovalutazione prestazione	Prestazione adeguata	

Questa scheda, oltre a segnalare il grado di competenza del dipendente rispetto a un 'profilo atteso' per una serie di fattori propri dell'attività svolta, fornisce anche i dati di scostamento con la media aziendale nonché una prima indicazione di Potenziale, da approfondire con assessment specifici per ruolo, ufficio, servizio ecc.

Una seconda serie di test mira a individuare le cosiddette 'soft skill' del dipendente.

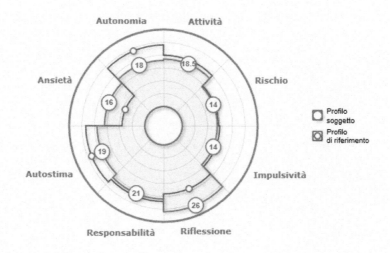

All'interno di una organizzazione i dati del singolo vengono confrontati con la media dell'azienda o dell'ufficio, unità operativa o ruolo, rendendo possibile, in tal modo, aggregare i risultati per ottenere indicazioni sulla composizione di ogni singola 'squadra'. I risultati di 'Monitor' risultano perciò utilissimi per comporre e bilanciare gli uffici con le risorse più idonee.

Test successivi mirano a definire la 'personalità' del dipendente andando a creare un grafico chiamato 'Test strutturale' che indica l'equilibrio e la maturità di ciascuno. In tal modo l'Ufficio del Personale può orientare meglio le risorse in base alle aspettative ma anche alle caratteristiche 'strutturali'.

Banalmente è inutile costringere un 'timido' a svolgere compiti che prevedono 'vendita dinamica' quando è, forse, più adatto a svolgere lavori che non contemplano la vendita o, tutt'al più, un lavoro nell'ambito commerciale di 'mantenimento'.

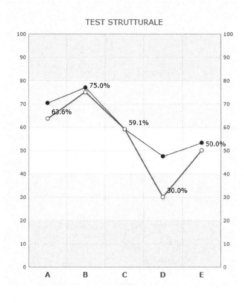

L'ultimo passo

L'ultimo passo che lo strumento consente è quello di realizzare una scheda individuale dove la Direzione del Personale possa trovare in un unico documento tutta la situazione del dipendente: prestazioni, competenze, potenziale e, inoltre, indicazioni sulla collocazione più idonea in quel preciso momento.

Esempio di scheda di sintesi:

Scheda Finale Risorsa

Mario Rossi

Matricola	Data assunzione	Data inserimento nel ruolo
xxx	3/2/2020	4/4/2020

Ruolo	Filiale/ufficio	Matricola diretto superiore
AREA MARKETING	5555	5555

PRESTAZIONE	*adeguata*	Motivazione a investire su sè stessi	*Molto elevata*
COMPETENZE PRIORITARIE	*5.00*	COMPETENZE COMPLESSIVE (ponderate)	*3.95*
media aziendale	4,20	media aziendale	3,80
media per ruolo	4,65	media per ruolo	3,95

COMPETENZE TRASVERSALI   EQUILIBRIO TOTALE

56
Potenziale

8.5
Equilibrio
Maturità

resistenza al cambiamento	9
pragmatismo	9
spontaneità relazionale	7

ASSESSMENT

VISIONE COMMERCIALE	VISIONE SPECIALISTICA	VISIONE GESTIONALE	VISIONE ORGANIZZATIVA	POTENZIALE
"visione commerciale"	*"visione specialistica"*	*"visione gestionale"*	*"visione organizzativa"*	*"Potenziale"*

Retribuzione base	23.000	Retribuzione ruolo	25.000	Retribuzione mercato	24.500
		scostamenti	*- 8 %*		*- 6 %*

MACRO POTENZIALE

CASO 5
Risorsa caratterizzata dalla coppia analiticità/strutturazione, presenta come elemento determinante:
"organizzare".

Aspetti salienti:
determinato, orientato all'azione, disciplinato, duro, indipendente, logico, deciso, positivo, impaziente, tende a comandare, orientato al compito, competitivo, affronta i conflitti.
Reagisce bene: a capi metodici, a discussioni sui fatti, obiettivi, target, incentivi, scadenze, controlli, a persone puntuali, a persone che fanno succedere le cose, a rapporti sul lavoro.
Reagisce con disagio: a critiche sullo stile e non sulle prestazioni, a discussioni che ignorano i fatti, all'ambiguità, a persone che girano attorno all'argomento.
Con loro è utile essere ben preparati.

Funzioni: direttive, operative.

OSSERVAZIONI

CASO 5 – BENESSERE ORGANIZZATIVO

Il Benessere Organizzativo è Capacità di un'organizzazione di promuovere e mantenere il più alto grado di benessere fisico, psicologico e sociale dei lavoratori in ogni tipo di occupazione.

Studi e ricerche sulle organizzazioni hanno dimostrato che le strutture più efficienti sono quelle con dipendenti soddisfatti e un "clima interno" sereno e partecipativo.

Un'azienda del settore pubblico, ha contattato Teseo studio per svolgere un'indagine di Benessere Organizzativo all'interno della propria realtà.

Teseo studio ha scelto di replicare il questionario proposto da A.N.A.C. (Autorità Nazionale Anticorruzione) che prevede tre aree di analisi:

1- *Benessere organizzativo* - lo stato di salute di un'organizzazione in riferimento alla qualità della vita, al grado di benessere fisico, psicologico e sociale della comunità lavorativa, finalizzato al miglioramento qualitativo e quantitativo dei propri risultati.

2- *Grado di condivisione del sistema di valutazione* - la misura della condivisione, da parte del personale dipendente, del sistema di misurazione e valutazione della performance approvato ed implementato nella propria organizzazione di riferimento.

3- *La valutazione del superiore gerarchico* - la rilevazione della percezione del dipendente rispetto allo svolgimento, da parte del superiore gerarchico, delle funzioni direttive finalizzate alla gestione del personale e al miglioramento della performance.

Le indagini di Benessere Organizzativo richiedono l'anonimato per permettere a ogni dipendente/collaboratore di esprimere liberamente la propria opinione.

131

In alcuni casi però può essere utile avere un'analisi delle risposte "totale campione" ma anche organizzata per "sotto-aree". Per questo Teseo studio consegna delle password di accesso alla piattaforma on line organizzate per pacchetti che raggruppano le diverse aree omogenee. Per garantire l'anonimato, non si analizzano gruppi composti da un numero inferiore ai 10 soggetti.

È poi cura della specifica realtà consegnare le password al corrispettivo gruppo di appartenenza.

Riportiamo sotto un esempio di risultato riferito alla dimensione "Sicurezza e salute sul luogo di lavoro e stress lavoro correlato".

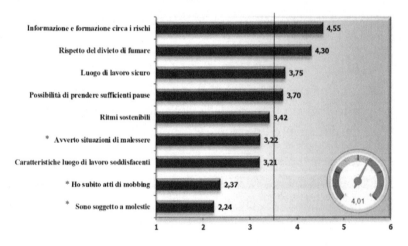

* Item ruotati nel calcolo dell'indice   Valori medi (scala 1-6)

Su un'altra dimensione, in particolare "il mio capo e la mia crescita", effettuando un'analisi confrontando i dati tra due gruppi, è emerso come il rapporto con il responsabile del gruppo 2 fosse problematico.

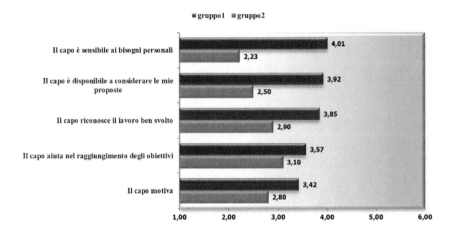

Si è quindi proposto di realizzare delle interviste personali rivolte agli appartenenti al gruppo 2 per individuare più nel dettaglio le problematiche presenti.

Inoltre, con dei focus group composti dai responsabili dei diversi gruppi, si è cercato di individuare i comportamenti ritenuti più consoni per "un capo", arrivando alla stesura di alcune slide riassuntive redatte dal gruppo con le regole di comportamento di un buon capo.

Printed in Great Britain
by Amazon

32139734R00076